经济学一流本科专业建设理论与实践

林木西 曹艳秋 等◎编著

JINGJIXUE YILIU BENKE

ZHUANYE JIANSHE LILUN YU SHIJIAN

中国财经出版传媒集团

经济科学出版社

·北京·

图书在版编目（CIP）数据

经济学一流本科专业建设理论与实践/林木西等编著．--北京：经济科学出版社，2023.11
ISBN 978-7-5218-5368-1

Ⅰ.①经⋯　Ⅱ.①林⋯　Ⅲ.①高等学校－经济学－学科建设－研究　Ⅳ.①F0

中国国家版本馆 CIP 数据核字（2023）第 222895 号

责任编辑：于　源　侯雅琦
责任校对：杨　海
责任印制：范　艳

经济学一流本科专业建设理论与实践
林木西　曹艳秋　等编著
经济科学出版社出版、发行　新华书店经销
社址：北京市海淀区阜成路甲 28 号　邮编：100142
总编部电话：010-88191217　发行部电话：010-88191522
网址：www.esp.com.cn
电子邮箱：esp@esp.com.cn
天猫网店：经济科学出版社旗舰店
网址：http://jjkxcbs.tmall.com
北京季蜂印刷有限公司印装
710×1000　16 开　15.75 印张　227000 字
2023 年 11 月第 1 版　2023 年 11 月第 1 次印刷
ISBN 978-7-5218-5368-1　定价：63.00 元
（图书出现印装问题，本社负责调换。电话：010-88191545）
（版权所有　侵权必究　打击盗版　举报热线：010-88191661
QQ：2242791300　营销中心电话：010-88191537
电子邮箱：dbts@esp.com.cn）

目　　录

思政课程和课程思政的教学改革研究

新时代政治经济学课程教学改革路径探究 …………………… 孔　晓/3
《资本论》选读课程教学改革探索 …………………………… 王杰力/15
发展经济学课程思政改革的思考与实践 ……………………… 张娉妍/23
农业经济学课程思政建设：基本遵循与实施路径 …………… 赵　哲/33
关于人口、资源与环境经济学在内容阐述和思政建设方面的若干思考
　………………………………………………………………… 滕兆岳/41

经济学专业拔尖创新学生培养研究

新文科背景下科研反哺教学模式创新研究 …………………… 张广辉/55
经济类专业创新创业课程体系构建研究 ………… 和　军　靳永辉/63
管理类专业创新创业课程体系改革研究 ………… 谢　思　和　军/77
经济学教学面临的问题与方法创新 …………………………… 宋君卿/86
本科毕业论文质量提升
　——从"短期任务"到"系统工程"
　………………………………………………………………… 王　姝/94

"区块链+"高等教育生态建构的机制、困境与对策
.... 丁义文　赵德起　付云鹏/103

课程改革和教学方法研究

外国经济思想史课程教学改革探讨 .... 赵　莹/123
包络定理在中级微观经济学中的应用 隋振婞/136
国际经济学课程双语教学的问题与对策研究 潘双吉/142
基于能力培养的西方经济学三阶段案例教学改革
.... 韩　蕾　刘长庯/154
基于数字时代的劳动经济学教学模式创新研究 .... 由　雷/163
规制经济学研究生课程教学改革的路径探索 ...... 杨　霄　曹艳秋/172

在线开放课程建设研究

高校线上课程的双重道德风险及治理研究 曹艳秋/183
微观经济学线上线下混合式教学模式对学生创新能力的培养研究
.... 魏博文/192
规制经济学在线开放课程建设研究 .... 姜　超　曹艳秋/199
线上教学面临的"边缘人"问题与对策 .... 任晓聪　程思进/208
线上课程质量提升的博弈分析
　　——基于信号传递模型 于子婷/219
翻转课堂的效率分析 .... 许　由　曹艳秋/232

思政课程和课程思政的教学改革研究

新时代政治经济学课程教学改革路径探究

孔 晓[*]

摘 要：马克思主义深刻揭示了人类社会发展的普遍的、一般的规律，马克思主义政治经济学是马克思主义理论的重要组成部分。从学科角度，政治经济学是经济学各学科的基础；从课程角度，政治经济学课程是经济学类各专业必须掌握的基础必修课。党的十八大以来，中国经济发展步入新常态，中国特色社会主义进入新时代，政治经济学课程也应立足前沿，伴随着国家经济的发展不断改革，以适应新时代人才培养的相关要求。本文从政治经济学学科的演进及课程特点、新时代政治经济学课程面临问题、新时代政治经济学课程教学改革的路径三个方面探析新时代政治经济学课程改革的模式及其路径。

关键词：新时代；政治经济学；教学改革

随着中国特色社会主义进入新时代，我国经济社会的发展将由曾经的"人口红利"逐渐转向"人才红利"，而高等教育的目标就

---

[*] 孔晓，辽宁大学经济学院，研究方向为马克思主义经济学。

是培养高素质人才，高等学校成为人才培养的"主阵地"。党的十九大报告指出："加快一流大学和一流学科建设，实现高等教育内涵式发展。"①"双一流建设"旨在通过一流学科和一流大学的建设，培养服务于我国新时代经济高质量发展所需的一流人才。作为马克思主义的重要组成部分，以及坚持和发展马克思主义的必修课，政治经济学课程在人才培养中的作用逐渐凸显。党的十八大以来，党中央高度重视"学好用好政治经济学"习近平总书记在中共中央政治局第二十八次集体学习时强调："立足我国国情和我国发展实践，发展当代中国马克思主义政治经济学。"② 致天下之治者在人才，培养具有夯实基础的政治经济学理论人才，关键在于人才培养，教学是人才培养的重要环节，新时代政治经济学课程也应把握时代脉搏，走在课程改革的最前线。

一、政治经济学学科的演进及课程特点

（一）政治经济学的学科演进

1615年，法国早期重商主义者蒙克莱田《献给国王和王后的政治经济学》提出了"政治经济学"的概念，早期的西方学者围绕如何增进国家财富、保障人民生活福利展开研究。随着资本主义的发展到19世纪中叶，政治经济学转为研究个人行为和市场价格，新古典经济学家逐渐将政治经济学这一学科名称改为"经济学"。从学科的发展沿革看，"政治经济学"和"经济学"是一门学科的两种称谓。19世纪三四十年代，资本主义社会无产阶级和资产阶级矛盾日渐尖锐，马克思克服古典经济学的历史和阶级局限性，批判地继承它的科学成分，构建了

---

① 中国共产党第十九次全国代表大会文件汇编［M］. 北京：人民出版社，2017：37.
② 新华网. 习近平：立足我国国情和我国发展实践 发展当代中国马克思主义政治经济学［EB/OL］. www.xinhuanet.com/politics/2015 - 11/24/c_1117247999.htm，2015 - 11 - 24.

马克思主义政治经济学的理论框架体系，对社会主义的产生和发展具有重要指导意义。

马克思主义经济理论是经济思想发展史中的重要组成部分。苏联的"十月革命"使马克思主义从"理想"变为现实，而我国70余年的社会主义实践，不断丰富和充实了马克思主义的基本理论。从新民主主义革命到社会主义改造，从改革开放到中国特色社会主义进入新时代，中国共产党将科学社会主义基本原则与中国实践相结合、与时代特征相结合，社会主义基本经济制度日益完善，并逐步建立起中国特色社会主义经济制度。

在我国，政治经济学一般特指马克思主义政治经济学，经济学一般指微观经济学和宏观经济学（统称西方经济学）。在我国的现有学科体系中，政治经济学和西方经济学同属理论经济学一级学科下的二级学科，理论经济学还包括经济史、经济思想史、世界经济、人口资源环境经济学等相关二级学科。当前，我国政治经济学学科研究一般包括马克思主义经典文献研究、中国特色社会主义政治经济学研究、当代西方资本主义经济问题研究等几个方面。

（二）政治经济学的课程特点

现有政治经济学课程主要内容包含以《资本论》为基础的资本主义部分，对资本主义的经济运行及其发展趋势进行剖析，并涵盖社会主义的经济制度、经济运行、经济管理等社会主义基本运动规律，以及中国经济发展实践中形成的最新理论成果的社会主义部分。现有教材主要有三种类型：第一类是将政治经济学划分为资本主义部分和社会主义部分；第二类是将政治经济学划分为商品经济运行基本规律、资本主义经济、社会主义经济三大部分；第三类是按照商品经济、经济制度、经济运行、经济发展的顺序对资本主义和社会主义的经济制度、运行和发展进行阐释。以上三种类型的教材在各高校政治经济学讲授中均有使用，其中使用较为广泛的"马工程"教材如《马克思主义政治经济学概论》属于第二类，在此基础上增加了经济全球化和推动共建人类命运共同体的相关内容。根据既有教材以及相关课程设置，政治经济学课程作为多数高校经济类专业的必修课,在课程教学内容上具有以下特点。

1. 教学内容抽象,具有很强的理论性

唯物辩证法和历史唯物主义是马克思主义世界观和方法论,运用辩证唯物主义的认识论研究生产关系问题,需要运用科学抽象法。所谓科学抽象法就是运用人们思维的想象力,从大量的社会经济现象中,抽去外部的、偶然的、非本质的联系,找出内部的、必然的、本质的联系,形成科学理论体系的方法(谢地等,2019)。"分析经济形势,既不能用显微镜,也不能用化学试剂。二者都必须用抽象力来代替。"① 政治经济学以生产关系为研究对象,分析人类社会物质资料的生产、分配、交换、消费的客观规律,在教学内容上相对抽象,具有深厚的理论底蕴,如马克思的劳动价值理论中对价值与使用价值、具体劳动与抽象劳动的理解,中国特色社会主义政治经济学中对基本经济制度中所有制结构、基本分配制度以及市场经济体制内容的分析等。

2. 理论体系与时俱进,在实践中不断完善发展

政治经济学的叙述方法是逻辑分析法和历史分析法的统一。马克思运用逻辑分析法对资本主义生产关系进行剖析,运用历史分析法对资本主义历史发展进行重现,形成了逻辑通畅、架构完整的政治经济学理论体系。实践是理论的源泉,新中国成立以来,党和人民立足我国基本国情,在实践中对社会主义经济发展规律进行了艰辛的探索,形成一系列理论成果:毛泽东思想、邓小平理论、"三个代表"重要思想、科学发展观,习近平新时代中国特色社会主义思想。中国特色社会主义政治经济学的形成和发展,进一步丰富了马克思主义政治经济学理论体系,增强了政治经济学对社会经济实践的解释力。

3. 时代特征明显,"课程思政"元素丰富

政治经济学特别是中国特色社会主义政治经济学,结合中国经济社会发展实践,凝练经济制度、经济运行、经济管理等层面的相关理论,具有明显的时代特征。课程思政的思维本质是运用辩证唯物主义和历史

---

① 马克思. 资本论. 第一卷 [M]. 北京:人民出版社,2009:8.

唯物主义的价值观和方法论去看待事物，这恰恰就是政治经济学研究的方法论基础。时代性和逻辑基础决定了政治经济学"课程思政"元素极为丰富，如通过马克思主义理论的学习，学习和实践马克思主义，不断从中汲取科学智慧和理论力量，引导学生践行社会主义核心价值观；通过对中国社会主义经济制度的学习，引导学生坚定中国特色社会主义道路自信、理论自信、制度自信、文化自信等。

二、新时代政治经济学课程面临的"新"问题

（一）教学内容设计不均衡

政治经济学课程作为经济学科学生的必修课，在课程设计中大多是在大学一年级的上学期开设，是经济学科学生特别是经济学专业学生的第一门经济类相关的专业课。新生入学涉及报到、入学教育、军训等环节占用了第一学期的一部分学时，使得政治经济学的实际讲授学时被压缩，即使是1周4学时的课程，1个学期的实际讲授课时大概在50学时。政治经济学内容相对抽象、理论性强，涵盖了资本主义和社会主义经济制度、经济运行、经济管理的方方面面，有限的课时容量很难将政治经济学教材里的内容全部讲授出来。这就导致多数高校在课程设计时只重视政治经济学资本主义部分，即以《资本论》为基础的相关内容，而忽视了社会主义经济问题。这直接导致学生们对政治经济学的理解停留在了马克思对资本主义制度的批判，缺乏对社会主义经济特别是中国经济模式的研究和分析，很难做到理论联系实践，运用马克思主义方法论解释中国的经济运行问题。

（二）教学模式单一

现阶段政治经济学课程的教学模式整体相对传统，主要是传统的"大水漫灌式"的教学方法，以教师讲授为主。这主要是以下几点原

因：一是以资本主义部分为主的政治经济学课程相对抽象，而经济学科招生特点是不分文理科的，对刚步入大学生活的大一学生特别是理科生而言，对政治经济学内容理解的思维转换有一定的难度，以学生为中心的"翻转课堂""自学模式"等教学手段很难实践；二是政治经济学课程讲授对象为大一新生，其经济学理论基础薄弱，基本不具备独立科研的能力，以问题为中心的研究型教学模式也不适用于政治经济学的课程；三是政治经济学课程线上资源有限，教师借助网络平台丰富教学内容的渠道较少，尽管新冠疫情带动了政治经济学网络课程的兴起，但高质量的教学资源仍然不足。政治经济学教学过程中以教师为中心、辅助师生问答的教学模式，很难激发学生的学习兴趣，不利于发挥学生学习的主观能动性。

（三）"形成性评价"考核体系仍需完善

"形成性评价"现已逐步取代粗放式的考核方式，成为当今高等教育课程考核体系的主流方法。形成性评价体系是要通过"多位一体"的形成性评价，注重过程管理，以实现高等教育全过程育人的最终目标。但从粗放式考核向"形成性评价"改革的过程中，现有的考核方式仍存在一些问题：一是过度解读形成性评价体系，加重了教学和学习的负担。原有政治经济学考核方式主要采用"课堂出勤+期末考试"的形式，现有的形成性评价体系一般包括课堂表现、课后作业、阶段性测评、论文、考试等诸多方面，对形成性评价的过度解读会导致对政治经济学课程考核不得不植入形成性评价体系的全部元素，这就使得教师不仅要完成课堂教学任务，还要对学生的作业、测评、论文、考试等进行全方位的评估，而学生不仅要优化课堂表现、认真完成课后作业、努力通过阶段性测评、刻苦撰写课程相关论文，还要力争在期末考试中取得优异的成绩，这实际上是在原有考试模式上做了"乘法"，远离了形成性评价的"初衷"。二是政治经济学课程的形成性评价体系缺乏学生的自评和互评。基于政治经济学课程以教师讲授为主的教学模式，前面提到的政治经济学课程形成性评价体系仍以教师评价为主。教师评价可以从学生学习的全过程出发，及时调整自己的教学计划和教学内容，以提升课程教学的效率。但形成性评价更重要的目的是激励学生有效调控自己的学习过程，使其在学习中获得成就感，从被动接受评价转变成为评价的主体和积极参与者，这就不能忽视评价体系中学生自评和互评这一重要环节。

（四）课程思政元素挖掘不足

课程思政的主要形式是将思想政治教育元素，包括思想政治教育的理论知识、价值理念以及精神追求等融入各门课程，潜移默化地对学生的思想意识、行为举止产生影响（王学俭和石岩，2020）。前面提到具有明显时代特征的政治经济学课程思政元素极为丰富，但多数高校仅重视资本主义部分内容的讲解，其马克思主义唯物辩证法和历史唯物主义的方法论相对抽象，在课程设计和教学过程中更注重基础理论的讲解，而忽视对课程中思政元素的挖掘。具体表现在以下三个方面：一是专业教师对课程思政的认识不足。由于将课程思政融入教学体系是国家近几年对高等教育提出的要求，多数政治经济学教师在课堂教学过程中，受思维的路径依赖影响，仍秉承传统的教学理念，更加关注学生对所讲课程中理论知识内容的理解、掌握和应用，使得政治经济学教学过程中的课程思政元素缺失。二是课程思政元素挖掘不够系统。与纯思政课程相比，尽管政治经济学的思政元素丰富，但要在课程设计中合理嵌入思政教育、与思政课程及其他专业课程形成协同效应，仍是一项系统工程。当前政治经济学对既有课程内容中的思政元素挖掘得不够，导致课程思政元素融入相对碎片化，并没有形成政治经济学课程思政系统体系。三是课程思政融入政治经济学课程的效力有待提升。将课程思政元素有效融入政治经济学课程教学，要求授课教师不仅要不断提升理论业务学习能力，还要努力创新教学模式，提升课程思政融入政治经济学课程的效度。现有政治经济学教学过程中，部分教师在融入思政元素时缺乏课程设计，仅以单一知识点结合课程思政内容进行拓展，缺少教学团队对课程思政融入课堂的整体设计，导致既有的课程思政内容并不能很好地发挥课堂育人的作用，实现立德树人的根本目标。

三、新时代政治经济学课程教学改革的路径

(一) 政治经济学课程教学改革的模式探索

中国共产党一贯重视对马克思主义政治经济学的学习、研究和运用,运用理论指导实践,坚持将马克思主义政治经济学基本理论与中国的实际相结合,在实践中发展理论,取得了举世瞩目的经济发展奇迹。特别是党的十八大以后,中国特色社会主义进入新时代,习近平总书记多次强调,"学习马克思主义政治经济学基本原理和方法论……更好回答我国经济发展的理论和实践问题"①,并指出"我国经济发展进程波澜壮阔、成就举世瞩目,蕴藏着理论创造的巨大动力、活力、潜力,要深入研究世界经济和我国经济面临的新情况新问题,不断开拓当代中国马克思主义政治经济学新境界,为马克思主义政治经济学创新发展贡献中国智慧"。② 新时代学好用好政治经济学,不仅涉及政治经济学学科自身的发展,更涉及我国社会主义经济建设和改革的方向。政治经济学教学的职责和任务就是为国家培养坚定有为的青年马克思主义者,新时代政治经济学课程教学改革要结合时代发展特点,以提升经济学人才培养质量为目标,使学生更好地构筑中国精神、中国价值和中国力量,引导青年学生明大德、守公德、严私德。

政治经济学课程教学改革应以马克思主义为基本遵循,坚持马克思主义世界观和方法论,立足我国社会主义经济发展的实践,合理借鉴西方经济学的有益成分,吸收中华民族的优秀传统文化。在既有对马克思主义政治经济学资本主义内容充分讲授的基础上,重视政治经济学社会

---

① 中共中央党史和文献研究院. 十八大以来重要文献选编 (下) [M]. 北京:中央文献出版社,2018:3.
② 习近平. 不断开拓当代中国马克思主义政治经济学新境界 [J]. 求是,2020 (16):1-4.

主义部分特别是中国特色社会主义政治经济学内容的教学，充分挖掘课程思政元素，发挥课堂在教学育人中的主渠道、主阵地地位，着力将思想政治教育贯穿于学校教育教学的全过程，着力将教书育人内涵落实于课堂教学的主渠道之中。综上所述，本文探索新时代政治经济学教学改革模式，构建了包含指导思想、基本原则、课程目标、教学内容及基本要求等多层次、全方位的政治经济学教学改革体系（见图1）。

政治经济学教学改革体系：

- 指导思想：马克思主义
- 基本原则：
  - 唯物辩证法和历史唯物主义的方法论
  - 立足中国特色社会主义实践
  - 合理借鉴西方经济学的有益成分
  - 吸收中华民族优秀传统文化
- 课程目标：提升经济学学科人才培养质量，培养坚定有为的青年马克思主义者
- 教学内容：
  - 马克思主义政治经济学揭示的人类社会的一般经济规律
  - 资本主义经济运行
  - 社会主义经济运行
  - 中国特色社会主义政治经济学

要求：挖掘课程思政元素，将"课程思政"融入教学改革的全过程

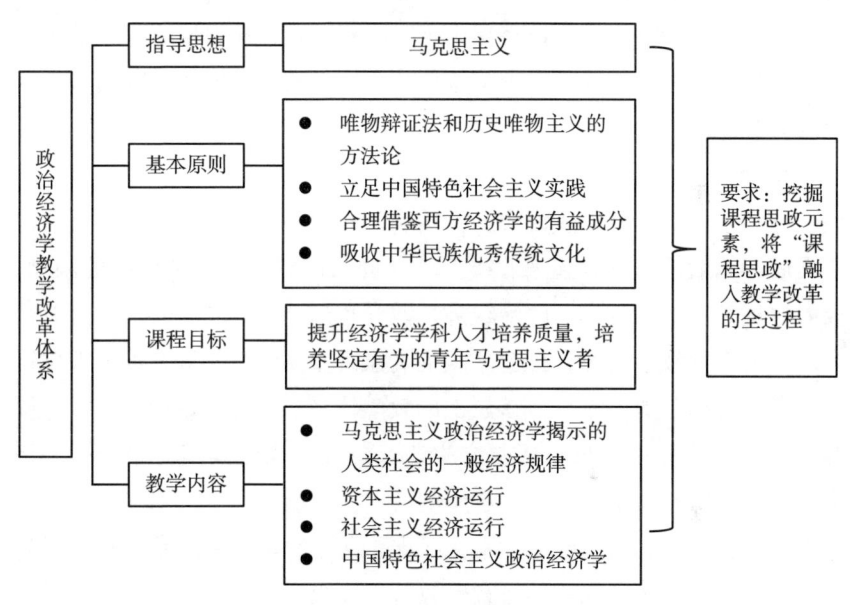

图1　新时代政治经济学教学改革模式

（二）实现政治经济学课程教学改革的主要措施

1. 充实课程教学内容

马克思的《资本论》通过对资本主义经济制度的分析，揭示了人类社会发展的一般规律，政治经济学资本主义部分教学的本质目的是让学生真正理解马克思主义政治经济学理论体系建构的基本方法，掌握马克思主义唯物辩证法和历史唯物主义的方法论。中国经济学的学科理论基础及其学科体系演变的历史脉络表明，政治经济学要研究和回答中国

经济模式，提出关于中国经济运行和发展的政治经济学理论，以新时代中国特色社会主义经济学为基础，推进政治经济学课程体系改革的必要性和可能性越来越明显。现在普遍应用于政治经济课程的"马工程"教材《马克思主义政治经济学概论》体系完整，全面阐述了政治经济学的理论体系，各高校可适当增加政治经济学课时，或将中国特色社会主义政治经济学作为必修课程写入专业培养计划。对中国特色社会主义政治经济学的学习，能够让学生深入了解中国经济体制改革和经济发展的现实，有助于学生有效地将理论与实践相结合，从而培养学生的创新能力和实践能力，使其站在中国特色社会主义政治经济学的前沿，感悟中国智慧。

2. 丰富拓展课程教学资源

近年来，新冠疫情成为线上教学改革的重要催化剂，各类线上资源如雨后春笋般迅速发展起来。线上教育资源打破了时间和空间的限制，极大地提升了教学效率。政治经济学教学也应借此"东风"，一是有效利用相关教育教学资源，打造"线上名家讲堂＋学习拓展，线下课堂讲授＋学习讨论"等多维度、多层次的教学体系；二是丰富课堂外学习资源，充实"课上＋课下"全方位的学习模式，构建读书分享会、经济学前沿讲座等相关学术平台，学生创新实践基地、学生学术交流会等相关实践平台，以创新实践、学术实践支撑课堂教学；三是政治经济学教师应不断丰富和拓展既有的教育资源，积极探索线上教育模式，拓展教学方法，提升教学水平，用好"雨课堂""智慧树"、中国大学生MOOC（慕课）平台等线上教学平台，努力将政治经济学课程推向经济学科的教学前沿。多元化的教学资源，可以激发学生对政治经济学课程的学习热情，把握政治经济学学科的最新成果，提升学生课程学习的主观能动性，为其理论联系实际提供更多的可能性。

3. 构建课程科学评价体系

教育的最终目的是育人，高等教育的本质是为国家培养人才，这就要求注重学生学习的过程，而不是盲目地追求考试成绩。目前，我国多数高校已开展形成性评价的考核方式改革，通过关注过程学习，提升学生学习能力及全面素质。课程评价体系改革是伴随着教学模式改革而进行的，政治经济学课程传统上以教师讲授为主的教学模式，学生参与度不高，很多学生不能很好地融入课堂，仅靠期末的突击，为了考试结果而忽视了学习过程。前面提到形成性评价体系是较为完备的课程评价体系，但在应用的过程中存在使用不当等问题，这就要求政治经济学教师根据课程特点，有效地选择形成性评价中的评价手段和评价方法，在教学中，注重"教"的过程，而不是单纯追求评价的结果。如政治经济学资本主义相关内容可采取"课堂讲授+学生拓展"的方式，以教师评价为主；社会主义相关内容可以采用学生主导"翻转课堂"等形式，以学生自评、互评为主；把课堂论文转换为作业，不以字数"论英雄"，引导学生自主探究、延展政治经济的相关理论。

4. 提高教师队伍理论素养

把握教学活动中"教"与"学"的矛盾，该矛盾的主要方面是在"教"，即教师教什么、怎么教，这始终是一个关键变量；大学里的两个主体即教师与学生的角色扮演水平是一所大学的活力、魅力所在；讲好每一堂课是教师的天职，团队成员应站在学科前沿，进行创造性的研究活动，解决重大理论与实践课题；学生在跟随教师学好基础知识的同时，关注理论研究及现实问题，在教师指导下逐步养成能够进行探索性学习和思考的能力和创新思维。政治经济学的教学，特别是社会主义政治经济学的教学过程可以让学生深刻了解国家相关战略政策，不断引导学生关注现实问题，培养学生经济济民的学术素养。政治经济学教师自身要提升个人的理论能力，坚定中国特色社会主义的"四个自信"，坚持把学者秉持的批判意识与家国情怀有机结合，始终与时代同行，与党和国家同呼吸、共命运。

5. 提升课程思政育人功能

课程思政的实质是运用教学提升人才培养质量，习近平总书记在全国高校思想政治工作会议上强调："要用好课堂教学这个主渠道，思想政治理论课要坚持在改进中加强，提升思想政治教育亲和力和针对性，满足学生成长发展需求和期待，其他各门课都要守好一段渠、种好责任田，使各类课程与思想政治理论课同向同行，形成协同效应。"① 这就对高校的思想政治教育提出了新的要求，思想政治教育不单是思政课程、思政教师的主要任务，而是高等教育全体教师的重点任务。课堂是人才培养的主要阵地，思想政治教育也要贯穿于教育教学的全过程，使课程思政成为课程改革的重点。挖掘课程思政元素，将课程思政有机融入政治经济学课程，在新时代政治经济学课程教学中尤为重要。教师在课程教授的基础上，要将理论知识转化为内在的德行和素养，不仅注重学生个人发展，还要将教学与社会发展和国家发展相结合；不仅解决学生学业问题，更要注重其思想、价值、情感等方面的困惑；不仅激发学生学习的主动性、积极性，还要引导学生为国家、民族学习的热情和动力，最终为国家培养高素质经济学人才。

参考文献：

[1] 陈玉和，韩鹏.《中级政治经济学》课程思政教学改革探索［J］.内蒙古财经大学学报，2021（5）.

[2] 李清娥.新时代背景下政治经济学课程地位与教学方法的思考［J］.《资本论》研究，2019（3）.

[3] 卢映西，王秀辉.新时代政治经济学课程 教学改革的路径探究［J］.大学教育，2019（3）.

[4] 穆拉提.思政元素融入《政治经济学》教学的探索——基于应用型人才培养视角［J］.产业与科技论坛，2021（12）.

[5] 王学俭，石岩.新时代课程思政的内涵、特点、难点及应对策略［J］.新疆师范大学学报（哲学社会科学版），2020（2）.

[6] 谢地，宋冬林，孔晓.政治经济学（第五版）［M］.北京：高等教学出版社，2019.

---

① 习近平谈治国理政（第二卷）［M］.北京：外文出版社，2017：378.

《资本论》选读课程教学改革探索

王杰力[*]

摘　要：《资本论》选读既是一门思政课程，也是一门能够为学生打下扎实马克思主义经济学基础的专业主干课程，但是此课教学难度和学习难度都比较大，有的学生学习兴趣不高，这样教学效果就难以保证。因此，本文探讨本课程教学过程存在的问题、存在问题的原因，并提出了具有可操作性的解决措施。

关键词：《资本论》选读；课程问题；教学改革

一、当前《资本论》选读课程面临的问题

《资本论》是马克思主义的百科全书式的理论宝库，是集马克思主义哲学、政治经济学和科学社会主义于一体的重要著作。《资本论》在政治经济学领域实现了革命性的变革，解决了英国古典政治经济学破产的难题，完善了劳动价值论，阐述了剩余价值理论，创立了马克思主义政治经济学。《资本论》运用马克思主义哲学研究资本主义经济及其运

---

[*] 王杰力，辽宁大学经济学院，研究方向为马克思主义政治经济学。

动规律，标志着唯物史观和唯物辩证法的发展完善。《资本论》根据对资本主义内在矛盾的分析，论证了资本主义被共产主义取代的历史必然性，是科学社会主义的主要著作。《资本论》从诞生之日起，就闪耀着真理的光辉，照耀着历史发展和人类进步的历程。

《资本论》课程的目标是使学生理解掌握《资本论》的基本理论，深刻认识资本主义产生、发展和必然灭亡的规律及社会主义的优越性，提高运用马克思主义的立场、观点和方法分析问题、解决问题的能力，为我国社会主义建设事业服务。进入21世纪，国际共产主义运动处于暂时的低潮，一些西方意识形态的渗透使马克思主义基本理论受到冲击，《资本论》课程面临着较大的困难和挑战。

（一）课程地位滑坡

随着中西方文化交流的发展，西方各种经济学流派的学术观点逐渐传入我国，不可避免地给马克思主义理论的教学和研究带来冲击。否定、贬低《资本论》的思潮时有出现，部分学生缺乏对马克思主义基本理论的信仰，《资本论》课程在高校教学中的地位出现滑坡。一些原本开设《资本论》课程的高校和专业，相继停开了《资本论》课程，取而代之的是西方经济学课程；《资本论》课程的课时不断减少，通常为1学期45学时，学时减少必然导致对教学内容的艰难取舍；《资本论》师资队伍力量单薄，年龄老化，后继乏人。

（二）教学模式单一

《资本论》课程的教学模式主要是传统的"灌输式"的教学，教师全程进行课堂讲授，学生忙于记笔记，缺乏师生互动。由于《资本论》篇幅巨大、内容抽象、理论精深，学生阅读并深入理解原著存在着一定困难，一些学生缺乏认真研读《资本论》原著的积极性，课堂表现也不够积极主动；一些开设《资本论》选读课程的高校，以原著导读教学代替原著教学，学生难以深入理解原著的理论精髓；《资本论》基本原理的实用性相对较弱，学生缺乏学习兴趣，以致学生不能完整准确地把握《资本论》的基本原理，更缺乏运用马克思主义的立场、观点和方法来分析与解决现实经济问题的能力。

（三）考核形式不合理

传统的《资本论》课程考核一般采用期末闭卷考试形式，试卷分数是检验学习成果的唯一评价标准。这种考核形式的结果是，学生不关注学习过程，只关注试卷分数，课前不预习原著，课堂不认真听讲和积极回应老师的提问，课后不认真消化课堂内容，学期末集中精力突击复习、死记硬背，失去了学习的自觉性和创造性，不能深入理解和扎实掌握《资本论》的基本理论。这种考核方式不能充分调动学生的学习积极性，学生总体成绩不够理想，两极分化现象比较严重。

（四）课程思政育人不足

大学是学生树立正确世界观和价值观的重要阶段。《资本论》课程是传承马克思主义的重要阵地，其任务主要是培养学生的马克思主义理论素养，使其坚定社会主义和共产主义信仰。近年来，一些高校的《资本论》课程并没有将专业教学与思政教育很好地衔接起来，在课程设计和教学过程中更注重马克思主义基本理论的讲解，而忽视对学生的思政教育。由于将课程思政融入高等教育体系还是近几年的事情，多数教师缺乏对课程思政的认识，在课堂教学过程中仍秉承传统的教学理念。将课程思政融入教学，还需要授课教师不断提升理论能力，努力创新教学模式。

二、《资本论》选读教学改革的路径探索

（一）坚持教学内容的不断发展和创新

《资本论》创立了科学的政治经济学体系，实现了经济思想史上的

深刻变革。但是任何理论都是在创新中不断发展的，马克思主义也要在实践中不断发展。马克思以辩证唯物主义的世界观和方法论，批判继承并彻底改造了古典经济学的劳动价值学说，建立了科学和完整的劳动价值学说。但是，在社会主义市场经济不断发展的今天，经济社会各方面都发生了重大变化。因此，我们在讲授《资本论》中马克思劳动价值论的内容时，应注意把坚持与发展及创新结合起来。

在知识经济时代，知识和科学在社会生产中的地位和作用越来越重要。一些人错误地认为科学知识也在创造价值，并由此提出了知识价值论和科技价值论，用以代替马克思的劳动价值论。马克思在《资本论》中指出无差别的人类劳动是形成价值的唯一源泉，这是科学劳动价值论的核心。事实上，科学知识本身不能直接创造价值，而是必须与人类劳动结合起来，产生运用科学知识的活劳动才能创造价值。知识在价值创造中的作用，主要在于它增加了现代生产中复杂劳动的比例。掌握了现代科学知识的劳动者所进行的科技工作和管理工作是复杂劳动，复杂劳动比简单劳动在同样的时间内可以创造加倍的价值。教师应将课堂内容紧密结合当今时代经济社会发展的特点，对关于劳动价值论的种种争论运用马克思主义的立场、观点和方法进行分析。

（二）抓好"导读"和课堂总结两个环节，调动学生研读《资本论》"原著"的积极性

学生在教师的指导下认真研读原著，从原著中理解和掌握马克思主义的经济理论，是学习《资本论》的一个重要方法。但学生在研读原著时会遇到许多障碍，如对原著语言理解上的困难、相关经济学说史知识的缺乏等，这些都会影响学生研读原著的兴趣。针对这种情况，应该采取"导读"和课堂总结相结合的方式，调动学生研读原著的积极性。比如，要求学生在学习新内容之前预习原著并找出不懂的地方，教师在课堂上进行导读，向学生讲解本章的主要内容和理论难点。在学生研读原著的基础上，教师提出问题请同学回答，最后由教师进行总结，并指出成绩和不足。通过这样做，较好地体现了教师的主导作用和学生的主

体地位，也提高了学生阅读经典著作的方法和能力，使其直接从原著中学习马克思主义的经典理论以及世界观和方法论。要真正理解和掌握马克思在《资本论》中所阐发的理论与思想，掌握贯穿其中的立场、观点和方法，除了阅读原著，还应当阅读一些对理解和认识《资本论》有重要意义的马克思主义经典文献，如《共产党宣言》《哲学的贫困》《反杜林论》《哥达纲领批判》等。

（三）课堂讲授和课堂讨论相结合，调动学生学习的积极性和主动性

课堂讲授是《资本论》课程的基本形式，教师通过讲解《资本论》基本概念、理论和方法，使学生对马克思所阐述的经济理论有一个初步的掌握。但传统填鸭式的课堂讲授，往往会使教学过程枯燥和单调，不能很好地调动学生学习的积极性。因此，课堂讲授必须与课堂讨论结合起来。教师在组织课堂讨论中，要有针对性地选择那些对于我们建设社会主义市场经济具有指导意义的理论问题。要很好地回答这些问题，首先要求学生通过研读原著较好地掌握原著中所阐述的基本经济理论，同时学生还要根据要讨论的现实问题，查阅相关的文献资料。学生认真思考后形成发言提纲，经分组讨论后在课堂发言。通过这种形式的学习，增强了学生独立思考、科学分析问题和学习《资本论》的自觉性。

（四）坚持理论联系实际的讲授方法，凸显《资本论》强大的生命力

教师在讲授《资本论》的过程中，一方面要将《资本论》的基本原理以通俗易懂的方式准确清晰地讲述出来，以使学生理解和掌握；另一方面应尽可能地将《资本论》的基本原理和方法用来分析现实经济问题，不仅表现出《资本论》基本原理和方法的强大现实意义和生命力，而且为学生树立起运用《资本论》原理研究现实经济问题的范例。例如，在讲授货币转化为资本理论时，可以结合国有企业改革，讲解资本本质及其运动特点。通过这样的学习，使学生们认识到

《资本论》的科学性并没有随着时代的发展而消失，马克思主义经济学理论对于社会主义条件下的市场经济同样具有重要的理论意义和实践意义。要建设有中国特色的社会主义市场经济，仍然离不开马克思主义理论的指导，并需要在实践中丰富和发展马克思主义。

（五）注意讲授《资本论》的研究方法，培养学生分析问题、解决问题的能力

一门课程的基本理论固然重要，但该课程的研究方法同样具有重要价值。马克思在《资本论》中正确运用了一系列科学的研究方法，对资本主义制度进行了系统的分析，从而科学地揭示了资本主义经济运行的本质特征和基本规律以及人类社会发展的必然规律。我国社会主义市场经济体制逐渐走向成熟和完善，同样需要运用《资本论》的研究方法，对经济运行中存在的问题进行深刻的分析，制定相应的解决对策。因此在讲课过程中，我们把讲授《资本论》的研究方法放在十分重要的地位，注重培养学生分析问题及解决问题的能力。不仅在绪论中着重讲授《资本论》的研究方法，而且在讲授具体卷篇内容时，也都把讲授《资本论》的方法贯穿始终。这样做既使同学们掌握了《资本论》的基本观点，又掌握了《资本论》的研究方法。通过学习，有的同学运用《资本论》的方法分析社会主义经济问题，并以此指导自己的论文写作，得到了很好的效果，由此提高了分析问题、解决问题的能力。

（六）改革考核方法，提升学生学习的积极性和自觉性

考试是检验教学效果的主要形式。目前，我国很多高校已经开展形成性评价考核方式改革，通过关注过程学习，提升学生学习能力及全面素质。在教学实践中，我们按照"多元评价、综合考核"的思路，将日常测试和期末考试结合起来。日常测试主要是对学生平时学习中的出勤、课堂发言、课堂测验、课程论文等表现的综合评定，着重考核学生的学习态度和基本理论素养，占总成绩的40%；期末测试采用题库制

考试，题型包括卷篇结构、重点句解析、简答题和论述题等，着重考核学生对基本原理的理解和把握，占总成绩的60%。这种相对合理和科学客观的综合考核方式，克服了传统期末考试形式的各种弊端，很好地调动了学生的积极性、主动性和创造性，学生在课堂上专注听讲、积极发言、认真阅读原著，课后积极查阅参考文献、撰写论文，对基本理论的理解掌握更加深刻扎实。相比传统考核方式，不及格率降低，成绩分布呈现优化正态分布。

（七）加强课程思政，教书育人

习近平总书记反复强调对马克思主义经典著作的学习和研究，强调《资本论》对中国特色社会主义市场经济的理论指导地位，并做出了"学好用好政治经济学"的重要指示。习近平总书记在全国高校思想政治工作会议上强调："要用好课堂教学这个主渠道，思想政治理论课要坚持在改进中加强，提升思想政治教育亲和力和针对性，满足学生成长发展需求和期待，其他各门课都要守好一段渠、种好责任田，使各类课程与思想政治理论课同向同行，形成协同效应。"[①] 这就对高校的思想政治教育工作提出了新要求，思想政治教育要成为高等教育全体教师的重点任务。作为《资本论》原著选读课的教师，我们深深感受到自己承担的光荣使命，因此应不断深化对马克思主义政治经济学理论的理解和掌握，坚持马克思主义政治经济学的无产阶级立场，运用马克思主义政治经济学理论去教育和影响学生，使马克思主义政治经济学永葆生命力。在授课中，运用马克思的资本积累理论和经济危机理论，联系当前资本主义和社会主义的实际，特别是俄乌冲突、新冠疫情等国际问题，揭示资本主义基本矛盾的尖锐性及资本主义灭亡的必然趋势，坚定社会主义必然胜利的理想和信念。

---

① 习近平谈治国理政（第二卷）[M]. 北京：外文出版社，2017：378.

参考文献：

[1] 段学慧. 论恢复和巩固《资本论》教学地位 [J]. 当代经济研究，2013（7）：87-92.

[2] 韩鹏. 夯实《资本论》课程教学基础地位的理论思考 [J]. 当代经济研究，2011（4）：71-75.

[3] 何炼成. 讲授《资本论》课12年 [J]. 学位与研究生教育，1994（2）：15-17.

[4] 李建建，黎元生.《资本论》教学改革探讨 [J]. 教学与研究，2004（7）：85-89.

[5] 王燕. 对提高《资本论》课程教学质量的思考与实践 [J]. 中国高教研究，2003（5）：71-72.

[6] 张彤玉. 对当前《资本论》教学和研究工作的几点意见 [J]. 高校理论战线，1997（6）：9-10.

[7] 张薰华.《资本论》教学改革初探 [J]. 当代经济研究，1999（7）：17-19.

[8] 周小梅.《资本论》教学改革初探 [J]. 当代经济研究，2007（11）：14-17.

发展经济学课程思政改革的思考与实践

张婷研*

摘 要：专业课程的课堂思政建设是一次影响持续久远的深刻历史变革，发展经济学作为经济学专业的主干课程，蕴含着大量丰富的思政内涵。深度挖掘其中的思政内涵，开发和设计出知识点与价值观深入融合的教学内容，探索有效的途径进行教学实践，对于在"大思政"背景下推进本科生教学的改革与创新，具有重要的理论意义和实践意义。我们从课堂思政要点、思政融入点、艺术性思政元素和价值塑造等方面入手，对发展经济学课程主要思政内容做出了基本设计。通过不断加强教师思想政治和专业知识学习、设置课堂演讲环节、运用艺术性思政资源等方式进行实践，提升了教师自身的理论水平，发挥了学生自我思政的能动性，加深了学生对于思政内涵的直观印象。

关键词：课程思政；发展经济学；价值引领

一、研究背景与意义

《中共中央 国务院关于进一步加强和改进大学生思想政治教育的

---

* 张婷研，辽宁大学经济学院，研究方向为发展经济学。

意见》指出："高等学校各门课程都具有育人功能，所有教师都负有育人职责……要深入发掘各类课程的思想政治教育资源，在传授专业知识过程中加强思想政治教育，使学生在学习科学文化知识过程中，自觉加强思想道德修养，提高政治觉悟。"这是党和国家对所有高校教师提出的更高要求，是我们本科一线教学工作者的责任和义务。作为经济学专业的教师，如何在传授经济学专业知识的同时，充分有效地挖掘本专业知识领域中所蕴含的思想政治资源，将思政元素有机地融入教学的各个环节中，对学生们进行潜移默化、水到渠成的思想政治教育和价值观引领，做到"守好一段渠、种好责任田"，实现立德树人、三全育人，既培养理论经济学专业的专才，又培养把以实现中华民族伟大复兴的中国梦作为己任的有理想、有修养、高素质、高觉悟的人才，是一个值得长期研究和实践的问题。

发展经济学是经济学专业的主干课程，授课对象为大三年级学生。这门课程站在发展中国家的角度，专门研究与经济发展有关的各种问题，重点探讨要素、结构、制度与政策等方面的变化对于发展中国家经济长期发展所带来的影响。通过1学期、32学时的授课，使得学生理解发展中国家相对于发达国家的落后原因与障碍，特别是了解发展中国家如何从自身的特点出发，采取有效的战略和政策来加快本国经济发展的步伐，从而实现对发达国家的赶超。

我国作为世界上最大的发展中国家，在马克思主义和中国特色社会主义理论体系的指导下，经过40多年的改革开放，成功地走出了一条具有中国特色的发展之路，是发展中国家经济发展的重要典范。因此，我国经济发展的基本实践和基本规律也就成为讲授发展经济学理论与政策内容的一个重要维度。从马克思主义的理论指导，到新时代中国特色社会主义发展的战略安排以及在各个领域的具体实践，再到取得的丰硕成就和可喜变化，这些内容本身就体现了我国的发展智慧和基本国情，体现了马克思主义思想的精辟深邃、中国特色社会主义理论体系的博大精深和社会主义核心价值观的丰富内涵，使得发展经济学这门课程蕴含着丰富的思政内涵。因此，深度挖掘发展经济学课程中的思政内涵，寻找合适的课内外思政资源，将其与授课知识点紧密有机地结合在一起，开发和设计出知识点与价值观深入融合的教学内容，探索出有效的途径进行教学实践，对于在"大思政"背景下推进本科生教学的改革与创新，具有重要的理论意义和实践意义。

二、发展经济学课程思政主要内容设计

2019年，高等教育出版社出版了由《发展经济学》编写组编写的《发展经济学》新教材，它是马克思主义理论研究和建设工程重点教材之一。与其他教材相比，它更加突出了马克思主义和中国特色社会主义理论的指导地位。比如，几乎每一章都有关于该主题下的马克思经济发展理论的讲解，同时，专门安排了一章（第三章）五小节集中探讨了中国特色社会主义经济发展理论，内容涵盖了发展目的论、全面发展观、发展要务论、发展动力论等，特别是从经济发展的角度对新发展理念做了较为系统和全面的介绍，这是习近平新时代中国特色社会主义思想的重点内容，也是对学生们进行思政教育和价值塑造的一个重要切入点。另外，教材更加突出了中国特色和时代特色，对我国的基本国情和发展实践有着较为详细的介绍，如每一章都有1~2节专门探讨本章主题下我国的发展战略、具体做法、取得的成就与未来政策思路等内容。教材出版后的第一时间，我们就更换了教材，并以此为契机，把教材的主要知识构成作为中心，把我国经济发展之路作为主要线索，对课程当中所蕴含的思政内涵进行了较为深入的挖掘，从课堂思政要点、思政融入点、艺术性思政元素和价值塑造等方面入手，对课堂主要思政内容做出了基本设计（见表1），以期把马克思主义基本原理、中国特色社会主义理论体系尤其是习近平新时代中国特色社会主义思想、发展经济学基本理论、发展中国家的发展实践、中国经济发展的理论与实践等专业知识和思政内容统一整合在一个框架中。

表 1　　　　　　　发展经济学课程思政主要教学内容设计

发展经济学知识总体构成		课堂思政教学要点	思政融入点	艺术性思政元素	价值塑造
第一章	发展中国家与发展经济学	当代中国经济基本特征	掌握我国基本国情和经济特征	电影：《我和我的祖国》	独立自主；道路自信；制度自信；大国担当
第二章	发展的概念与度量	马克思的人的全面自由发展思想、中国人类发展指数、中国千年发展目标与2030年可持续发展目标的实现情况	人的核心价值、以人为本、绿色发展理念	歌曲：《青山看见》	正确世界观、人生观和价值观；大国胸怀；绿色发展理念
第三章	中国特色社会主义经济发展理论	发展目的论和全面发展观、发展阶段论、发展要务论与发展动力论、发展方法论、新发展理念	社会主要矛盾变化、改革开放成就、"五位一体"总体布局、新发展理念、以人民为中心、两个百年奋斗目标	歌曲：《理想》《我和2035有个约》；纪录片：《敢教日月换新天》	唯物史观；辩证思维；理论自信；道路自信；制度自信；崇高理想；爱国情怀
第四章	经济增长	中国经济增长的奇迹、经济增长的动力转换	发展成就、高质量发展	短片：《中国跨度》	道路自信；制度自信；民族自豪感
第五章	公平、分配与贫困	中国特色社会主义公平观、中国脱贫攻坚战	共享发展理念、以人民为中心、减贫脱贫成就、共同富裕思想	影视剧《山海情》；歌曲：《不忘初心》《民生》	制度自信；公平正义；以人为本；顽强拼搏
第六章	二元经济发展	中国二元经济结构及其转变	维护社会公平正义、和谐社会		制度自信；改革创新；和谐公平
第七章	工业化与信息化	中国产业结构的演变与转型升级	新型工业化道路、高质量发展、现代经济体系与产业体系	纪录片：《大国建造》	道路自信；制度自信

续表

发展经济学知识总体构成		课堂思政教学要点	思政融入点	艺术性思政元素	价值塑造
第八章	农业发展与农业现代化	中国的农业发展与农业现代化道路、中国土地制度变革、中国农业政策的演变	粮食安全、乡村振兴战略	电影：《我和我的家乡》；歌曲：《在希望的田野上》	道路自信；制度自信；改革精神；斗争精神
第九章	城市化与城乡发展	中国的城镇化与城乡关系的演进	新型城镇化道路、城乡统筹发展战略、协调发展理念	歌曲：《灯火里的中国》《我的城》	以人为本
第十章	区域经济发展	中国区域发展过程和战略的演变	协调发展理念	歌曲：《西部放歌》《东方之珠》	民族自豪感
第十一章	人口与人力资源	中国的教育发展与人力资本积累	个体自我价值的实现与社会主义现代化建设相统一		正确人生观；正确价值观；志存高远；拼搏奋斗
第十二章	资本形成与金融发展	中国的资本积累对经济增长的贡献、中国金融制度的发展			金融自信；道路自信；忧患意识；斗争精神
第十三章	技术进步与创新	中国技术进步方式与创新驱动发展	创新发展理念、科技自立自强	影视剧：《逐梦蓝天》；纪录片：《我们的征途》《超级工程》	自立自强；民族自豪感；创新精神；敬业精神；勇于探索
第十四章	资源、环境和可持续发展	中国绿色发展理念、生态文明建设的政策思路	绿色发展理念、"绿水青山就是金山银山"	纪录片：《航拍中国》	大国责任；爱护家园；绿色理念；节约环保
第十五章	开放发展	中国作为外贸大国对世界经济的影响、中国的外资引进与对外投资	开放发展理念、"一带一路"建设、人类命运共同体、全球治理体系	歌曲：《丝路》《再一次出发》《千年之约》	和平至上；互利共赢；人道精神；斗争精神；开放胸怀；国际格局
第十六章	制度、市场与政府	中国的体制改革与转型、中国政府在经济发展中的作用	国家治理能力和治理体系现代化	歌曲：《春天的故事》《追梦之路》	制度自信；改革精神；锐意进取

三、发展经济学课程思政建设的主要做法

（一）加强教师思想政治和专业知识学习，以提升自身的理论水平

习近平总书记在全国高校思想政治工作会议上的讲话指出："教师是人类灵魂的工程师，承担着神圣使命。传道者自己首先要明道、信道。"① 思想政治教育是比单纯讲授专业知识更具有难度和挑战的事业，因为里面包含着对于人的思想引导与价值观的传递，能否做到恰如其分、润物无声地引导和影响学生，要求教师自己要先接受思想教育、学习思政理论、提升思想觉悟，成为先进思想文化的传播者、中国共产党执政的坚定拥护者，成为学生们成长的支持者。为此，教师应不断加强学习，在准备好专业理论知识的同时，利用大量时间和精力进行思想政治方面知识的储备。一方面，自主学习马克思主义基本原理概论、中国近代史纲要、形势与政策、马克思主义基本原理概论、毛泽东思想和中国特色社会主义理论体系概论等思政课程的要点内容，提高思政基本功；另一方面，在日常生活当中，通过文件、报纸、新闻、网络多种方式，持续追踪和学习习近平新时代中国特色社会主义思想的最新成果，如《中共中央关于制定国民经济和社会发展第十四个五年规划和二〇三五年远景目标的建议》《在中国共产党成立一百周年庆祝大会上的讲话》和其他重要讲话等，确保自己能够正确领会当前党的大政方针、基本路线和方略，以提高自身的理论水平和理论底气。在不断提高自身理论水平的基础上，时刻关注世界格局和我国经济发展的不断变化，对教学内容和思政内容进行及时更新。把近年来发生的重大发展事件和国家重大战略，如百年奋斗目标的实现、"十四五"规划的总体内

---

① 习近平谈治国理政（第二卷）[M]．北京：外文出版社，2017：379．

容、二〇三五年远景目标的提出、加快构建新发展格局、粤港澳大湾区建设、海南自由贸易港建设、载人航天工程、北京冬奥会等思政点融入教学，以便学生们能够更好地了解我国现阶段经济发展中的新情况、新变化、新特征、新挑战和新要求，及时、准确地掌握基本国情，坚定政治方向和家国情怀。

（二）设置课堂演讲环节，以发挥学生自我思政的能动性

发展经济学这门课程既要使得学生们理解经济发展的各种理论，同时也要让他们明白发展中国家特别是我国在经济实践的过程中是如何进行发展战略和政策选择与制定的，充分理解政策内涵和实践意义。可以说，它的理论层面、政策层面和具体实践结合得较为紧密，有着很强的综合性和实践性。针对课程的这个特点，具体教学过程可以按照不同的层次逐级展开。关于发展经济学的基本概念、基本理论和基本方法的相关内容，可以通过教师的讲授使学生们理解经济发展的基本原理。关于我国经济社会各个领域的发展成就和发展智慧等内容，可以在教师清晰讲授基本框架和基本要点的基础上，安排学生们在课后自主进行相关资料的收集整理与思考研究，在课堂上以小组为单位进行课堂演示，阐述他们的思考与理解。我们根据教学主要内容和思政结合点，设计了中国经济增长奇迹与动力转换、脱贫攻坚战与共同富裕、加快发展现代产业体系、乡村振兴、区域协调发展、推进科技自立自强、高水平对外开放等与中国经济发展成就和发展战略相关同时又能体现时代主旋律的题目，引导学生主动了解我国经济发展的具体实践和重点战略，主动思考我国经济发展的基本情况和内生动力，主动认同我国的发展成就以及蕴含在当中的中国智慧。很多同学在演讲中都引入了思政元素，比如在脱贫攻坚战时，有的同学会谈到扶贫干部黄文秀所带来的感动；谈到乡村振兴时，有的同学会谈到自己家乡的发展变化，并表示要努力学习、建设家乡、报效祖国；谈到高水平对外开放时，有的同学会把我国的开放包容和美国的霸权主义进行对比；谈到科技自立自强时，有的同学会为我国的科技进步而感

到骄傲。相对于老师的传统灌输来说，这些价值塑造来自身边的同学，更容易在学生心中产生认同和共情，从而更好地实现课堂思政的目标和效果。

（三）运用艺术性思政资源，以加深学生对于思政内涵的直观印象

习近平总书记在2014年文艺座谈会中指出："每到重大历史关头，文化都能感国运之变化、立时代之潮头、发时代之先声，为亿万人民、为伟大祖国鼓与呼。"[①] 艺术作品与理性知识相比，更加直观、生动，能够更加快速地抵达和凝聚人心，引起人们思想和情感的共鸣。特别是作为文艺特殊存在形式的主旋律艺术作品，它是主流意识形态和价值观的一种载体，体现了中国精神与时代特色，对于发展经济学的课程思政能够起到积极而独特的作用。改革开放以来，伴随着我国经济快速发展，艺术工作者们创作了大量表达对于美好生活的向往、弘扬主流价值观、传递改革精神与时代特色的主旋律歌曲和影像，很多作品与发展经济学课程的主要内容和思政点高度贴合，符合发展经济学课堂思政的目标；同时，大多数歌曲的演唱者都深受学生们的喜欢，能够充分引起学生们的注意力和兴趣点。因此，可以将艺术性资源作为发展经济学课堂思政的特殊资源和教学手段，赋予课程全新的生命，我们对此进行了初步的挖掘和整理（见表1）。在授课过程中，结合教学内容适时播放和解读这些艺术性思政资源。一方面，将其作为教学的起点来引出问题，比如讲到开放发展的"一带一路"建设时，先播放由那英演唱的歌曲《丝路》，引导同学们对歌词进行思考，再进行具体知识点的讲授；另一方面，把它作为教学的终点，作为对于章节主题的总结、升华和展望，比如在讲授实现第二个百年奋斗目标的主要战略之后，播放由TFBOYS所演唱的《我和2035有个约》，加深大家对于"两步走"战略安排的关键节点2035年的印象，并激

---

① 习近平. 在文艺工作座谈会上的讲话[M]. 北京：人民出版社，2015：5.

励同学们要像歌词里面唱的那样，彼此相约在新征途的新起点，共同奋斗、齐心协力，一起投身到社会主义现代化强国的建设中。此外，引导大家利用课后时间观看《大国建造》《超级工程》《山海情》《敢教日月换新天》等主旋律影像，把课堂思政延伸到课外。通过艺术性思政资源的运用，在课堂上实现理性认识和感性认识的结合，加深学生们对于教学主要内容和思政点的直观印象，也让学生们进一步了解这些艺术作品的真正内涵，更加接受、更好吸收作品当中所蕴含的价值观和正能量。

四、结语

站在我国教育史的高度和广度来看，专业课程的课堂思政建设是一次影响持续久远的深刻历史变革。目前，我们只是站在了起点处，在发展经济学课堂如何进行思政改革做了一些较为初步的思考和实践。未来，我们还将深入挖掘课程中的思政内涵与元素，进一步梳理和总结中国经济发展的故事，将其融入发展经济学的教学中，并继续探索新的教学方法和手段，引导学生们更加理解我国基本国情和发展智慧，增强他们的道路自信、理论自信、制度自信、文化自信，让学生们真切感受到、意识到马克思主义的行、中国特色社会主义的好，从而树立并坚定正确的理想信念，真正成为把实现我国第二个百年奋斗目标和实现中华民族伟大复兴的中国梦作为己任、担在肩上的栋梁。

参考文献：

［1］蓝英，夏晓红，邱德雄，等."课程思政"融入高校专业课课堂教学的实践探索［J］.经济师，2020（10）：190－191.

［2］王伟，黄颖.讲好金融故事："金融学"课程思政改革的有效途径［J］.思想理论教育导刊，2021（3）：112－116.

[3] 徐初东,熊万杰."大学物理"运用中华优秀传统文化资源开展课程思政的探索与思考[J].思想理论教育导刊,2021(3):105-111.

[4] 杨玉文.课程思政与混合式教学的融合设计——以"发展经济学"课程为例[J].大连民族大学学报,2021(9):468-472.

农业经济学课程思政建设：
基本遵循与实施路径*

赵 哲**

摘　要：本文紧密围绕专业课发挥思想教育功能的时代要求，把握专业课思政教育教学趋势及重点，依托农业经济学课程，结合专业课教学的教育性、理论性与专业性，依据"三阶"逻辑、"五步"流程和"四重"关系，并按照目标设定、内容选择、教学实施、效果评价的思路探讨农业经济学课程思政建设的基本遵循与实施路径。

关键词：农业经济学；课程思政建设；基本遵循；实施路径

立德树人始终是教育的根本任务，从党的十八大将立德树人作为根本任务，到党的十九大落实立德树人的根本任务，再到党的十九届六中全会根本任务是立德树人，教育的内涵不断丰富，对教育的任务和要求也更为明确（易鹏等，2022）。当前，中国已经步入向第二个百年奋斗目标奋进的新阶段，农业农村现代化事业亟待大量具有"三农"情怀、

---

* 项目资助：辽宁大学本科教学改革项目"《农业经济学》课程思政教学模式与实践研究"。
** 赵哲，辽宁大学经济学院，研究方向为农业经济学。

乡土情怀的优秀人才参与其中，为解决乡村振兴、城乡融合发展、共同富裕等发展难题贡献力量（于东超，2021）。习近平总书记强调："农村是充满希望的田野，是干事创业的广阔舞台……以立德树人为根本，以强农兴农为己任，拿出更多科技成果，培养更多知农爱农新型人才。"① 这对新时代高等教育人才培养与思想政治教育工作提出了新要求与新命题。高等教育需要积极顺应时代要求，培育学生知农爱农强农兴农的初心使命，提升大学生服务乡村振兴的意识和素养，为中国特色社会主义事业培养更多"知农爱农新型人才"。

在此背景下，亟须将立德树人根本任务落实到教育教学的全方位、全过程之中，并着力引导学生树立强农兴农的初心使命，培养学生的"三农"情怀、乡土情怀，树立把论文写在祖国大地上的信念与意识，增强学生服务"三农"、服务乡村全面振兴的责任感与使命感（贾琳琳和张姝玥，2022）。其实质就是要求将价值观嵌入专业知识传授和能力培养过程之中，发挥各类课程的思政教育功能。作为高等教育中最核心的要素，课程质量高低直接决定着立德树人根本任务的落实成效，其中既包括思想政治理论课程质量，也包括专业课程质量（陈宏和吴波，2021）。近年来，随着高校规模不断扩大，各类适应社会发展的新型专业课程日益多元，高校学生在个性化发展方面也呈现出多样化需求，由于学生80%的在校时间都要用来学习专业知识，专业课程对学生进行思想引导与价值塑造的作用越发凸显（舒迎花等，2022）。如何充分发挥专业课的思政功能，将思政元素充分融入课堂教学，最大限度挖掘其思政价值增量是当前高等教育改革与实践的关键议题。

一、农业经济学课程育人目标

专业知识是人类在追求真善美过程中形成的（孙广俊等，2021），

---

① 习近平书信选集 第一卷［M］. 北京：中央文献出版社，2022：240.

本身具有明显的价值倾向、家国情怀等思想政治资源，对其进行充分挖掘和利用，有助于在潜移默化中达到有教无痕、润物无声的效果。因此，专业课教学不应仅把学生当作知识的容器，而应在接触、反思、分享知识的过程中，将选取知识的价值观融入学生的心智发展中（委华和张俊宗，2020），从而实现教书与育人的有效统一。通过将思政元素融入专业课教学的点滴之中，充分发挥专业课的思政教育功能，可以有效引导学生树立共产主义远大理想，中国特色社会主义共同理想，增强"四个意识"、坚定"四个自信"、做到"两个维护"，树立正确的世界观、人生观、价值观、荣辱观，成为社会主义核心价值观的坚定信仰者、积极传播者和模范践行者（白夜昕和梁巍，2020）。

农业经济学是运用现代经济学理论分析农业产业运行和发展规律的科学，是农林经济管理专业的核心课程，也是综合性高校经济管理等相关专业的重要专业课程（李谷成，2019）。农业经济学在理解农业运行的经济规律基础上，分析农业运行的经济问题，可为破解乡村振兴与农业农村现代化难题提供科学认识。农业经济学课程教学的目的是使学生系统地掌握农业经济常识、制度和理论，深刻地理解农业的本质特点和发展规律、农业体系的运行机制和规律、现代农业的运行关系和规律、农业宏观调控的原理和规律，并在理实并重的学习中，让学生走进农村、走近农民、走向农业，了解乡情民情，学习乡土文化，提升学生学农知农爱农素养和专业实践能力，培养学生的"三农"情怀和担当精神、扩大农经视野和思维视角、增加理论宽度和厚度，为全面建成小康社会与乡村振兴提供人才支撑。

二、农业经济学课程思政建设的基本遵循

开展农业经济学课程思政建设，就是要转变课程学习单纯停留在"知识是什么"的认知与接收层面，通过引导学生关注"农业知识是怎样产生和演变""农业知识学习对国家、民族与社会的意义与价

值""我又能为此做些什么"等问题，激发学生立农强农兴农的远大志向，全面提高学生的社会责任感、创新精神和实践能力，培养"下得去""用得上""留得住"的高素质人才队伍，为社会主义现代化建设与乡村振兴提供人才支撑（陈中和王蕊，2022）。整体来看，应重点把握好农业经济学课程思政建设的基本逻辑、实践流程和四重关系。

（一）基本逻辑

正是由于课程内容本身包含了大量的育人元素，因此课程思政建设的基本逻辑即为遵循知识体系梳理育人元素的"三阶"逻辑，具体包括知识是什么、知识是怎样产生和演变的、如何正确运用知识服务社会三个阶段，从而引导学生树立知农爱农强农兴农的初心使命，提升学生服务乡村振兴的意识和素养。其中，知识是什么是要让学生掌握课程基础知识，从而具备解决和解释农业经济领域现象与问题的基本能力；知识是怎样产生和演变的是要引导学生探寻知识形成、产生、建构、发展、演变的规律、价值及意义；如何正确运用知识服务社会是要使学生掌握借助专业知识服务"三农"的原理与方法，增强学生对"三农"问题的认同感。

（二）实践流程

实践流程包括探寻可能育人元素的知识点、确定课程思政主题与目标、挖掘并筛选育人元素资源、设计育人元素呈现方式、将育人元素融入教学内容五个步骤。其中，探寻可能育人元素的知识点就是要针对课程内容，深度挖掘并梳理其中的育人元素，构建农业经济学课程思政元素库；确定课程思政主题与目标就是在思政元素库的基础上，结合育人目标，确定育人角度，选择恰当的思政主题，并将其融入课程思政建设过程之中；挖掘并筛选育人元素资源就是要将思政元素确定在课程能够承载的科学范畴之中，提升育人元素质量；设计育人元素呈现方式就是要对育人元素进行包装和优化，设计育人元素呈现方式;将育人元素融入教学内容就是要借助耕读教育、案例教学、角色互换、问题导向、田野调查等方式,实现教书与育人的有效衔接,达到润物无声的效果。

(三) 四重关系

四重关系即为包括有与无、多与少、正与反、融与分在内的提升课程思政质量的四重关系。其中,有与无是指在课程教学中加入育人元素,能够引导学生在学习专业知识的同时,树立知农爱农的初心使命;多与少是指在将育人元素融入课程教学的过程中要确定合理的承载量,避免育人元素过多影响知识学习和育人元素过少难以发挥育人功能;正与反是指育人元素的融入应以培养学生知农爱农强农兴农素养为前提,与之无关或相悖的育人元素应予以剥离;融与分是指要实现育人元素与专业知识的有机统一,达到一加一大于二的效果。

三、农业经济学课程思政建设的实施路径

农业经济学课程思政建设的实施路径应按照目标设定、内容选择、教学实施与结果评价的思路具体开展。

(一) 目标设定

目标设定即为确定专业课程的知农爱农为农素养教育目标。具体来说,可以从宏观设计、学习要求、学生偏好、知识体系四个方面综合考量。宏观设计是要及时掌握国家各级部门对高等教育改革的相关政策及文件精神,如教育部颁布的《高等学校课程思政建设指导纲要》中提出,要加大生态文明教育力度,引导学生践行"两山"理念;学习要求是要满足社会发展对人才培养的相关要求,使学生毕业后具备服务农村、服务农业的基本素养;学生偏好是要契合学习效果、认知水平、知农爱农强农兴农素养等相关特征,提升课程育人目标的有效性与针对

性；知识体系是要遵循知识体系与课程内容的实际情况，合理设定育人目标。

（二）内容选择

内容选择即为坚持"三个导向"（目标导向、系统导向和结果导向）遴选课程的育人元素。目标导向就是要围绕培养知农爱农强农兴农素养目标遴选育人元素，在农业经济学课程中，遴选的育人元素应与知农爱农强农兴农素养高度相关，并能有效支撑这一育人目标；系统导向就是要从课程总体与各部分、从育人元素与专业知识等方面综合考量，并进行内容选择；结果导向就是要根据课程育人效果持续改进、不断升级，从而不断提升课程的育人效果。

（三）教学实施

教学实施即为在平等对话交流中促进情感共鸣和价值生成，如变革课程教学方式，通过线上线下混合教学以及互动式、探究式、案例式、体验式等方法手段，让学生在课堂中拥有"对话的主体地位"，激活师生之间的情感对话和精神交流。通过教师与学生共建的学习共同体延伸学生教学参与的边界与空间，提升学生的课堂参与度与话语权，实现课程知识的双边互动，提升课程育人价值。

（四）结果评价

结果评价是课程思政建设中的重点与难点，评价不充分、不科学会导致课程质量保障体系难以形成闭环。因此，在结果评价环节应侧重课程育人效果的评估并识别存在的主要问题，从而达到以质量评价保障课程育人效果持续改进的目的。例如，健全质量保障制度，在教学质量管理标准中有机融入反映课程思政教学改革实效的指标点，并将课程育人实效作为课程设置、大纲核准的重要内容和反映教学质量的重要指标。

四、结语

围绕专业课发挥思想教育功能的时代要求,把握专业课思政教育教学趋势及重点,以农业经济学为具体对象,探讨课程思政建设的基本遵循与实施路径。其中,农业经济学课程思政建设应遵循包括的知识是什么、知识是怎样产生和演变的、如何正确运用知识服务社会的"三阶"逻辑,包括探寻可能育人元素的知识点、确定课程思政主题与目标、挖掘并筛选育人元素资源、设计育人元素呈现方式、将育人元素融入教学的"五步"流程,以及包括有与无、多与少、正与反、融与分在内的提升课程思政质量的四重关系。农业经济学课程思政建设的实施路径应按照目标设定、内容选择、教学实施与结果评价的思路具体开展。

参考文献:

[1] 白夜昕,梁巍. 高校思政课"五维"教学模式构建研究 [J]. 黑龙江高教研究,2020,38(6):138-141.

[2] 陈弘,吴波. 新发展格局下涉农高校"知农爱农"教育路径研究——以湖南农业大学为例 [J]. 湖南农业大学学报(社会科学版),2021,22(5):79-85.

[3] 陈中,王蕊. 专业课教师课程思政育人实效生成的四重维度 [J]. 教育理论与实践,2022,42(12):28-31.

[4] 贾琳琳,张姝玥. 教育服务乡村振兴的逻辑与路径 [J]. 现代教育管理,2022(4):12-19.

[5] 李谷成. 中国农业经济学科的发展与转型——基于高校(高等教育)的探索和实践 [J]. 农业经济问题,2019(11):135-142.

[6] 舒迎花,王建武,章家恩. 农学类专业课课程思政教学模式与方法探索——以"农业生态学"为例 [J]. 中国大学教学,2022(Z1):63-68.

[7] 孙广俊,李鸿晶,陆伟东,等. 高校课程思政的价值蕴涵、育人优势与实践路径 [J]. 江苏高教,2021(9):115-120.

［8］委华，张俊宗．新时代高等教育课程思政的理论基础［J］．中国高等教育，2020（9）：19－21．

［9］易鹏，吴能表，王进军．新农科课程思政建设：价值、遵循及路径［J］．西南大学学报（社会科学版），2022，48（3）：78－87．

［10］于东超．高等教育助力乡村振兴的时代诠释［J］．中国高等教育，2021（22）：53－55．

关于人口、资源与环境经济学在内容阐述和思政建设方面的若干思考

滕兆岳[*]

摘　要：人口、资源与环境经济学是一门新兴学科，但人口、资源与环境经济学学科建设的任务远未完成，其成长和成熟总是需要一个发展过程的。目前学术界针对该学科的许多问题，甚至一些最基本的问题都存在着一些不同的意见和看法，有待于进一步研究和探讨。本文就该学科的授课内容和思政建设问题阐述了自己的见解。本文结合人口资源环境经济学学科建设现状及课程内容，分析现存问题，提出相关建议，探讨自身授课经验，希望以此能提升教学品质，引导学生自主发现问题、寻找解决对策，锻炼学生的自主能力及学习能力。

关键词：人口、资源与环境经济学；马工程教材；内容阐述；思政建设

一、引言

人口、资源与环境经济学是 1997 年国务院学位委员会在理论经济

---

[*] 滕兆岳，辽宁大学经济学院，研究方向为环境经济学。

学一级学科下设立的二级学科，在经济学门类中是一门年轻的学科（童玉芬，2009；童玉芬和周文，2018）。作为一名普通的高校人民教师，笔者有幸在入职后从事该门课程的讲授工作，与以往多使用翻译版本的外国教材不同，笔者在讲这门课程的阶段使用的是马工程建设的相关教材。这个学科从无到有，见证了劳动力过剩和人口老龄化、少子化危机，见证了资源耗竭和新能源革命，见证了极端天气、环境治理和西方环境问题政治化等变迁。在世界处于百年未有之大变局的今天，作为一名萌新园丁，位卑未敢忘忧国，有必要基于笔者短暂的从教经验思考和探讨一下这门课程的不足，并努力展望一下它未来的前景。笔者作为一名刚刚从事人口、资源与环境经济学授课的教学工作者，现将在人口、资源与环境经济学教学方面的一些想法提出来，就教于各位领导和前辈专家。

二、关于人口、资源与环境经济学在本科经济学教学中的定位思考

（一）专业建设沿革

人口、资源与环境经济学隶属于理论经济学，其专业本身具有学科交叉多、内容动态性、学术观点多样性、理论紧密联系现实等鲜明特点，与其他理论经济学类学科具有明显区别。本学科的研究存在严重的条块分割现象，很难被称为一门独立的学科（赵时亮和李大悦，2017）。作为独立学科，应当有明确的研究对象和成熟的学科框架。但由于学科创立时间短、体系跨度大等原因，当前人口资源与环境经济学的研究对象还比较模糊，该学科教材和经典著作大多把本应统一的研究对象分解为人口经济学、资源经济学、环境经济学或者可持续发展经济学，更有学者把本专业异化为资源与环境科学，很少运用经济学理论和方法。

人口、资源与环境经济学科发展的主要障碍和硬伤正是缺乏明确的

研究对象和统一的分析框架，这非常不利于学科的生存与发展，以及本科学生的入门学习。同时，也会使得该学科被划归到可持续发展经济学，而有时又可能过度泛化，被无限引申到其他领域而成为"万金油学科"，课程开设范围过于宽泛，学而不精。另外，地方院校很少针对该学科开设本、硕、博学位，仅作为经济学选修课存在（熊升银和王学义，2022），而部分院校在经济学院和环境学院下又都开设本门课程，既叠床架屋，又南辕北辙。

（二）理论化的"人资环"经济学与实践化的"人资环"经济学

笔者讲授的人口、资源与环境经济学，目前开设于辽宁大学经济学院经济学系下，经济学专业的本科生课程。在学校的学科建设中，将其纳入经济学类学生所需学习的经济学选修课程范畴。在分类和中心思想上，偏向于理论经济学的研究范畴，强调其理论深度，重点是分析人口、资源与环境经济学的理论基础，当代人口、资源与环境的相关问题及其解决方案，以及可持续发展的相关内容。

与之对应的则是在很多环境学、地理学领域，或者是农林领域开设的对应于应用经济方向的人口资源与环境经济学。与侧重于理论分析与简要案例分析的理论化的人口资源与环境经济学不同，实践性的人口资源与环境经济学更强调、更倾向于环境和人口等相关内容的实践，这就客观上将课程建设纳入实践教学的范围之内。而与之不同的则是现阶段偏理论的人口、资源与环境经济学更加注重其理论基础方面的研究，缺少与实践相结合的步骤。课程的开设、人才的培养必须始终关注人类社会在这方面所面临的问题，这客观上又要求在这一课程教学中加入实践教学方面的内容。但是，众所周知的是教育投入与经济基础密不可分（何文举，2012），所有的教育实践都离不开支持，而作为"小众边缘"的学科，其在这方面又存在天然劣势。

三、关于人口、资源与环境经济学在现有教材版本下的内容阐述与思考

（一）范式问题

传统的人口、资源与环境经济学的研究范式是基于传统的经济学范畴，基于宏观、微观、计量等高等经济学基础，以及与前沿经济学研究方法相结合，舶来的研究分析范式。现有本科生的马工程第二版人口资源与环境经济学教材，则既保留了部分经济学研究范式，又希望引入一部分政治经济学研究范式，希望在此基础上进行大胆的尝试，将量化分析与理性分析相结合。但现有教材在内容阐述特别是范式问题阐述上仍然存在着较大的问题，没有形成统一、简便的能够帮助学生在本科教育中流畅掌握主线的学习方式方法。同时，由于该门课程安排在大三阶段进行学习，还是一门学分并不是很高的专业选修课，在此基础上就会造成院校和学生本身都对该门课程不够重视。另外，无论是师资还是学生在人口资源与环境等方面，都会因基础功底、文献基础和局限因素等方面而使得该门课程并未达到预期的效果。

纵观马工程教材，在分析人口、资源与环境经济学上主要采用了两种范式。一种是基于马克思主义、政治经济学和马克思主义辩证唯物主义的逻辑分析的研究范式，另一种主要是与区域经济学系统和因子分析等方式相关的经济学分析范式。在教材中，两种分析范式泾渭分明，并未能达成系统、充分的融合。这既是因为本质上要将两种研究方法相结合需要一定的时间和基础，也可能是因为作为一名任课教师，接触和掌握教材的时间较短，没能吃透并将其融会贯通。在授课过程中发现，前一阶段还在思考可持续发展、探讨人的社会属性的相关问题，下一阶段就进行到了主成分分析或者是因子分析的范式中，存在着很不协调的分析。

综合来看，在人口、资源与环境经济学学科体系建设的探索中，既

有将其研究对象和内涵限定为可持续发展经济学的倾向，也有将人口、资源与环境经济学过分泛化无限扩大或引申到其他领域包括工程与自然科学领域的趋势。这就需要新的连接方式与传统的方式有机结合的模型和逻辑自洽的分析方法，从而在课堂上给予学生明确的研究思路，帮助学生认真、细致、清晰地理解人口资源与环境经济问题，帮助学生建立起一套完整的解决人口、资源与环境问题的分析方法、解决思路与政策建议的理论体系。

（二）案例问题

案例教学是一种模拟实践的教学方法，实质上是一种以学生为中心、教师作引导，对现实问题和特定事件进行观察、分析、探索，并试图寻求答案，作出决策的过程。目前，我校经济学专业的人口、资源与环境经济学课程被安排在大三年级。此时学生虽然进入大学已有多年，但多数学生仍缺乏对社会、经济的了解，尤其缺乏对人口理论、环境问题和社会运行以及市场运行等实践的深层次了解。人口、资源与环境经济学课程复杂，包含多个交叉学科内容，涉及大量理论，对于开始忙于课业、升学和实习的三年级大学生来说，更缺乏相关的吸引力。这时就需要任课教师在人口、资源与环境经济学教学过程中运用大量的实际案例，使学生能够生动形象地理解现实问题。

目前，在人口、资源与环境经济学案例教学中也存在一些问题，其中最突出的是国内外案例比较的问题。由于人口、资源与环境经济学是一门源于西方市场经济国家实践的课程，且300多年工业化进程也给资本主义国家积累了大量问题和案例，以我国实践为背景的案例相对缺乏。这种情况的存在不利于引导学生运用经济学理论和辩证唯物主义思想探寻我国国情下的人口问题、资源问题和环境问题的解决途径。所以，在思政理论建设的红线基础上，搜集、完善和使用以我国实践为背景的本土化案例是目前人口、资源与环境经济学教学中一个亟待完成的课题，且这些案例在时效性和详略性上也都需要教学者认真思考。

1. 时效性

案例分析需要时效性的配合，既需要分析长期的、影响深远的案例，也需要引导学生能够与近期的时事问题相结合，从而形成围绕案例的一个系统的逻辑链路。在传统的人口学理论、环境学理论、资源学理论中，都有各自的传统案例和当代的新型案例。这些案例本身便与我国日益突出的人口问题、环境问题、资源问题相结合，也与当代世界突出的相关问题相结合。但在马工程的教材中，在案例选取与时效性考虑上，就没有达成一个很有梯度的时效分布。书中给出的能够讲解给学生的案例，缺少一定的时间连贯性，特别是当代近期现代化的案例较少，较欠缺。这就需要任课教师能够紧跟时事，基于当时当刻以及近几年发生的国际国内重大事件，特别是人口领域、环境领域、资源领域的重大事件，保证课堂教授的案例能够让学生理解，并且能够让学生联系现阶段现实经济的发展问题。

特别是在分析人口问题时，我国老龄化问题凸显，"七普"之后，人口问题甚至直追日韩等国。在这方面，书中对于人口问题的很多案例相对过时，还停留在20世纪八九十年代计划生育时期的相关分析当中。在环境问题的案例中提到的关于德国绿党的相关介绍，仍然停留在其20世纪六七十年代兴起以及20世纪80年代开始逐步形成小党在议会获得微弱席位的介绍。现实情况是，2021年和2022年，联合组阁的德国绿党已经成为环境政治化、政治正确化议题中不可忽视的一个力量。教材中对于德国绿党的案例给出了中性化的介绍，但是在现实讲授过程中，我们应该站在国家民族的立场予以一定的褒贬，既承认环境问题的严重性，但也应该时刻警惕"西方人权牌、环境牌的组合牌打法"，泛政治化、泛自由主义、节能减排原教旨主义等，以及将这些思想与反华思想相结合等问题。

2. 详略分析

定性的事实描述多于定量的经济分析，马工程教材偏重于对人口、资源、环境状况及问题的罗列，而缺乏对这些问题的社会经济根源的深入分析，定性多于定量、理论多于方法、宏观多于微观、阐述多于解释、抽象多于直观，内容起点低，简单重复，不能让学生不仅知其然而且知其所以然，不利于增强学生自身分析问题、解决问题的能力，理论联系实际不够。

课程讲授过程中涉及三江源治理与官厅水库治理的案例，课本上对于这些案例的介绍过于简略，没有完整的前后逻辑，并且这些案例又与之前文中提到的分析模型之间没有必然联系。这会造成整个教材案例分析的详略失衡，同时也割裂了案例分析与相关理论之间相互联系、相互沟通的桥梁作用，不利于同学们理解相关的内容，使同学们在学习相关内容时丧失相应的兴趣。

（三）割裂问题

虽然学科分类把人口、资源与环境三者统一到了一个学科门下，但是在进行具体分析的时候仍然会自觉或不自觉地割裂三者的相互联系（张培丽，2018），只是"对人口、资源、环境关系中存在的各种问题进行'分而治之'的研究"并没有把三者统一到一个科学严谨的分析体系之内。

一直以来，人口、资源与环境经济学为人所诟病的一个因素，就是它的学科体系整体不够严谨。作为一门发端于20世纪90年代中后期的理论经济学学科，本身在学科上没有悠久的历史，所以也缺少完整的学科积淀。同时，从名称上看，人口、资源与环境经济学包含了人口、资源、环境三部分内容。从早期学科建设来说，人口学有着悠久的历史传统，环境经济和环境学本身也是巨大的学科门类，它们本身互不统属，虽然存在一定的交叉，但是更多的是有自身的学科范式和学科研究体系。与之对比，合并为人口、资源与环境经济学的一门学科，本身就不自觉地存在着一定的割裂，三者联系的倾向不定。在短短20年的时间，并没有形成一个完整的科学严谨的体系。

之所以存在这样一门学科，也是因为这三者之间必然存在着一定的内在联系和纽带。基于这样的想法将三者合并为一个学科，本质上还是有其积极的意义。特别是当代社会人口问题、人口危机日益严峻，资源枯竭、资源危机日趋显现，环境问题与环保问题政治化倾向的全球蔓延，都促使人口、资源与环境形成了人类必须要面对的统一问题。

作为教育学生的一门课程，人口、资源与环境经济学在教学过程中的割裂性表现得特别明显。很多章节独立起来，互相缺少关联性，甚至每一章节研究的范式也不同。加之马工程教材引入了社会主义政治经济学理论与辩证唯物主义理论，这种割裂并没有因为基于马列主义思想和唯物主义理论的体系得以弥合。相反，还存在着传统的人口学理论、传统的资源学理论、传统的环境经济理论与马克思主义政治经济学、西方马克思主义理论的冲突等。特别是在新时代，新兴学科的逐渐兴起，专业化、复杂化研究的逐渐深入也使得本门学科过于冗杂，包含着众多交叉学科的交叉知识。这些问题在课堂授课过程中体现得尤为明显。对于本科学生来说，在学习这门课程的时候，很容易出现无力和盲从的状态。

这就迫使授课者需要建立更多规范的体系，能够弥合三者之间的割裂现象，从而通过可持续发展、循环经济、构建节约社会等实现社会可持续发展等目标，在共同的伟大目标的基础上，将三门经济学学科构建成一门囊括理论经济、应用经济的综合的、有其完整体系的学科体系。只有在这样的基础上才能帮助学生，无论是本科生还是研究生，都能在其学习阶段建立起一个科学完整的针对人口、资源与环境理论进行经济学分析的思想理论体系，为我国全面建成小康社会、实现社会主义伟大复兴奠定有效的学科基础。

四、关于人口、资源与环境经济学在"马工程"建设中的思政内涵与建设思考

（一）马克思主义政治经济思想与学科建设相融合

传统"人资环"教材的思路是从人本主义和西方主流经济理论角度阐述学科思想，因此不可避免地带上了新自由主义的套路和窠臼，总

是不自觉地站在了西方人本主义或者"白左"角度,高高在上地探讨人口资源与环境问题,把人口问题通过似是而非的数据和案例归结于发展落后地区的愚昧无知,忽略或无视了传统西方强权社会对于资源和环境的百年掠夺与破坏。泛政治化、泛民主化以及过分强调个人主义、绿色人权等问题,在过去传统的西译教材中普遍存在。马工程版的教材则引入了大量政治经济学思想,建设学科的底层经济学逻辑与政治思想逻辑。从劳动价值理论和马克思主义的一些辩证思想出发,探讨人口问题、资源问题、环境问题,并结合中国特色社会主义政治经济实践来回答和解决人口资源环境问题。虽然以往教材中也大量使用了以人为本、可持续发展等思想,但是马工程教材进一步用更大的篇幅来讨论相关中国问题,尝试以中国特色的视角论述这些问题。

虽然这种尝试大胆新颖有助于学生基于政治经济角度探索人口问题、经济问题、环境问题等相关问题,但思想的嫁接上需要更高层次、更合理的逻辑架构,通过更精确、巧妙的嵌入,才能达成这一目标。不难发现,现有教材在这方面虽然试图找出马克思主义理论中能够与环境、资源、人口相契合的内容,但马克思主义政治经济学理论,或者是辩证唯物主义理论,甚至是早期马克思、恩格斯、列宁的相关革命建设的著作当中,对于人口、资源与环境问题,限于当时的社会经济发展阶段,并没有系统、详尽的论述。所以寻章摘句,略有拼合姿态,不利于与现有学科相融。毕竟是将理论基础作为整个学科的底层逻辑和思想基础来构建整个学科,不应是先有整个学科实践,再去寻找原有理论基础,这一本末倒置的做法,相对而言略显仓促,拼接性过强。辩证唯物主义理论本身就是一个发展的、和谐的、进步的理论,是与各国革命、建设的实践相结合所产生的理论分支,是适应现代化建设、适应时代发展的必然产物,其本质内涵就已经蕴含了解决人口、资源与环境问题的一个本质条件。即发展的问题,通过发展来解决,而不是过分地去寻找原有的马恩著作中提到的或者是似乎提到过的一些解决方案,"教条主义"是要不得的。在思政建设方面,只有逻辑自洽的思想才能帮助当代大学生建立起一个能够信任、能够说服自己,并且自发宣传、自发实践的理论体系。

（二）在专业知识讲授中进行潜移默化的思想渗透

邓小平同志曾强调："思想政治工作是党的群众工作"①"这项工作，各级党委要做，每个党员都要做"②。主渠道与主阵地的提出，也为大学生思想政治教育提供了方向和思路。

在整个思政建设、思政教育当中，特别是大学生、研究生的思政建设和思政教育当中，我们应该掌握更多的方式与方法去占领这个代表国家、社会和民族未来的阵地。这是一项群众性的工作，也是一项应该贴近实际、贴近学生、有吸引力的工作。教学工作应该将趣味性、理性、逻辑性引入高校建设、思政建设中来，将课程教育、知识教育与思政建设正确地与社会主义核心价值观、共产主义思想熔于一炉，这是必要的，也是紧迫的。

以往，思想政治教育建设与教学知识建设之间存在一定的鸿沟。对于传统的经济学教学来说，普遍存在经济理论阐述，特别是除政治经济学以外的其他经济学科，强调经济理论、经济原理，主要通过讲授、模型推导、抽象化的理论概括来阐述相应的知识理论。一方面，忽视与实践相结合，使得当代本科生与研究生教育比较偏学术，也可以说偏应试的方式，与现实的经济环境存在一定的隔阂。另一方面，经济学课程，特别是西方经济学、环境与人口等经济学，以及各类应用经济学学科，主要源于西方当代经济学，其理论核心蕴含西方政治、经济、思想以及资本主义的相同逻辑和价值体系，潜移默化地随着知识被学生有意或无意地吸收与接纳。

与之相反，马克思主义政治经济学或者社会主义核心价值体系的理论内容，在过去大多通过生硬填鸭式、长篇累牍的方式进行传播。过于

---

① 中国职工思想政治工作研究会．邓小平新时期思想工作理论学习概要［M］．北京：学习出版社，1997：107.
② 中共中央文献研究室．三中全会以来重要文献选编（上）［M］．北京：人民出版社，1982：534.

严肃认真的方式被生搬硬套到教学或者是思政建设中来，容易引起被灌输者的不适和逆反，特别是面对青年学生群体，往往事倍功半。以人口、资源与环境经济学马工程建设教材这一版本为例，教材中开始有意识地模糊掉过去西方一系列不切实际、不合时宜的错误的价值观体系，但是新建立起来的以我国社会主义政治经济为前提条件的思想理论体系，在课本中又过于生硬、突兀地体现。这不利于整体思想的传播，导致教材的整体思路和内容产生了一定的冲突矛盾，生硬的衔接就需要任课教师花费更大的篇幅和时间将其圆回来，从而存在一定的割裂性，使得原有的教材逻辑体系与现有的教材体系之间存在一定的冲突。这方面就需要我们能够把握住一个限度，将这些内容应用到我们日常的教学和实践中来。

通过我国人口、资源与环境发展的真实案例，向学生娓娓道来我国的人口问题、环境问题、资源问题。特别是利用互联网的普及，当代大学生能够在课堂观世界，为人口资源环境经济学课程思政教育提供了很好的平台（杨慧，2021）。可视化的信息流使学生感受到，虽然问题严重，但党和国家在过去30多年改革开放的实践中，不断地逐渐在各个方面取得了显著的成效，而不是空洞的强调，或是一些冰冷的数字，从而逐步建立学生的价值体系、家国情怀和学术思辨（张丽等，2023）。

参考文献：

［1］何文举. 资源、环境约束条件下教育模式的改革与经济发展方式转变——基于湖南的实证分析［J］. 湖南商学院学报，2012，19（4）：120－124.

［2］童玉芬. 人口、资源与环境经济学的经济学分析视角探析［J］. 人口学刊，2009（6）：14－18.

［3］童玉芬，周文. 中国人口、资源与环境经济学20年回顾：发展与挑战［J］. 中国人口·资源与环境，2018，28（11）：171－176.

［4］熊升银，王学义. 推动新时代人口、资源与环境经济学创新发展的思考［J］. 福建商学院学报，2022（2）：74－80.

［5］杨慧."互联网＋"经济环境下高等院校思政教育改革［J］. 财富时代，2021（11）：231－232.

［6］张丽，黎海珊，李世红. 西方经济学课程思政教学实践及案例——家国情怀入课堂，经纬天下悟人生［J］. 现代商贸工业，2023，44（8）：211-213.

［7］张培丽. 人口、资源与环境经济学研究进展及未来发展［J］. 经济研究参考，2018（62）：10-27，38.

［8］赵时亮，李大悦. 人口、资源与环境经济学：历史、现状与未来［J］. 中国人口·资源与环境，2017，27（S2）：1-5.

经济学专业拔尖创新学生培养研究

新文科背景下科研反哺教学模式创新研究[*]

张广辉[**]

摘 要：加强文科教育创新发展是全面提高高校人才培养质量的重要保障，而推动科研反哺教学、加强对学生科研活动的指导、支持学生早进课题、以高水平科学研究提高学生创新和实践能力是推动文科教育创新发展的关键途径。因此，在新文科背景下不断推进科研反哺教学模式的创新研究具有重要的理论与现实意义。本文以辽宁大学为例，明确新文科背景下科研反哺教学创新改革内容、目标与特色，并进一步指出科研反哺教学创新改革实施路径。

关键词：新文科；科研；教学；创新

一、引言

2016年5月17日，习近平总书记在哲学社会科学工作座谈会上的

---

[*] 本文系辽宁大学本科教学改革项目"新文科背景下科研反哺教学模式创新研究"（JG2020YBXM092）的阶段性成果。

[**] 张广辉，辽宁大学经济学院，研究方向为农村经济。

讲话中提出："着力构建中国特色哲学社会科学，在指导思想、学科体系、学术体系、话语体系等方面充分体现中国特色、中国风格、中国气派。"① 2018 年 6 月 21 日，教育部原部长陈宝生在新时代全国高等学校本科教育工作会议上指出要"加快建设高水平本科教育""加强文科教育创新发展"。2019 年 4 月 29 日，教育部等 13 个部门召开"六卓越一拔尖"计划 2.0 启动大会，明确提出"落实新时代全国高等学校本科教育工作会议和'新时代高教 40 条'要求，全面推进'六卓越一拔尖'计划 2.0 实施，引领推动新工科、新医科、新农科、新文科建设，深化高等教育教学改革，打赢全面振兴本科教育攻坚战，全面提高高校人才培养质量"。教育部还专门成立新文科建设工作组，不断推进新文科工作建设。新文科将成为各个高校文科专业未来几年内必须深入思考和积极践行的核心问题，这也为辽宁大学文科教育改革指明了方向。

2019 年以来，《教育部关于深化本科教育教学改革　全面提高人才培养质量的意见》《关于进一步深化本科教学改革　全面提高人才培养质量的实施意见》《辽宁大学本科教育高质量发展若干意见》等一系列文件的发布，从严格教育教学管理、深化教育教学制度改革、引导教师潜心育人和加强组织保障等方面来不断推进和深化本科教育改革。其中，《教育部关于深化本科教育教学改革　全面提高人才培养质量的意见》明确提出要"推动科研反哺教学""加强对学生科研活动的指导""支持学生早进课题""以高水平科学研究提高学生创新和实践能力"，这也将是辽宁大学下一步深化本科教育改革的重要内容。因此，如何在新文科背景下不断推进辽宁大学科研反哺教学模式的创新研究具有重要的理论与现实意义。

围绕新文科与科研反哺教学模式的研究众多，其中关于新文科的研究主要包括以下几个方面。（1）新文科的内涵与特征研究。新文科建

---

① 中共中央宣传部．中国共产党宣传工作简史（下册）[M]．北京：人民出版社，2022：595．

设的概念最早由美国希拉姆学院于 2017 年 10 月提出。新文科是一种基于传统文科而又超越传统文科，以新时代、新经济与新产业为背景，融合了理、工等诸多外部学科要素的包容性学科框架（樊丽明，2019；谢芹，2019；段禹和崔延强，2020；李凤亮，2020）。（2）新文科建设路径研究。包括强化办学逻辑与拓宽教育视野（周杰和林伟川，2019）、推进结构调整与优化学科布局（陈凡和何俊，2020）、改革培养方式与强化质量意识（安丰存和王铭玉，2019）。（3）不同学科的新文科建设研究。包括旅游管理专业（黄震方等，2020）、中文（钟晓玲，2020）等。关于科研反哺教学的研究主要包括：（1）不同类别学校角度的讨论，包括职业院校（王相刚，2020）、地方高校（苏志恒和郑华，2019）等；（2）不同学科角度的讨论，包括化学（周晓玉，2020）、法学（王平和李玉红，2019）等。

综上所述，已有文献对新文科与科研反哺教学模式做了全面、深入和系统的研究，但可能缺少新文科视角下科研反哺教学模式的研究，这为辽宁大学下一步开展文科教育指明了方向，也有利于提高人才培养质量。

二、科研反哺教学创新改革内容、目标与特色

（一）科研反哺教学创新改革内容

本文以教育部新文科建设总体要求和规划为指导，结合《教育部关于深化本科教育教学改革　全面提高人才培养质量的意见》《关于进一步深化本科教学改革　全面提高人才培养质量的实施意见》《辽宁大学本科教育高质量发展若干意见》等文件精神，以强化价值引领、提升学术内涵、丰富形式载体和创新方法手段为抓手，不断推进新文科背景下科研反哺教学模式的创新研究，提高本科人才培养质量。为实现上述目标，具体改革内容包括以下几个方面。

1. 以构建新文科发展格局为方向，通过科研反哺教学来完善人才培养体系

按照新文科发展要求，以需求导向、目标导向和特色导向为原则优化专业结构，全方位构建辽宁大学新文科发展格局。以学科知识体系为基础，以经典教材为讲授内容，不断吸收最新科研成果并转化为教学内容，激发学生专业学习兴趣，不断完善本科人才培养体系。

2. 以提高人才培养质量为根本，通过科研反哺教学来革新教学模式

以经济学基地班学生为例，在《信息经济学》《经济学论文写作》等课程利用智慧教室开展小班化教学，并通过课前布置阅读任务（以授课教师布置授课内容相关前沿文献阅读、主题学术论文研读等）、课堂多元化互动授课（授课教师主讲为主，调动不同发展需求学生研读经典、前沿文献以及社会实践相关案例，学生制作、讲解PPT锻炼逻辑思维和表达能力为辅）、课后线上线下参与学术研究（包括参与学术项目、学术比赛、学术会议、学术论文以及资政建议写作、社会实践等）等科研反哺教学方式来革新教学模式，并不断提高人才培养质量。

3. 以多学科交叉融合为基础，通过科研反哺教学来优化教师队伍建设

以经济学专业《法经济学》《实验经济学》等交叉学科课程为基础，推进"工+文"（大数据经济学）、"医+文"（卫生经济学；行为经济学）、"理+文"（演化经济学）、"文+文"（语言经济学、社会经济学等）等多学科的交叉融合，通过科研反哺教学方式吸收不同学科的前沿知识来逐步构建新文科发展体系，以"培养+引进"方式优化师资队伍建设。

4. 以提高学生创新和实践能力为目标，通过科研反哺教学来多元化学业考核方式

以学术项目、学术比赛、学术会议、学术论文以及资政建议写作、社会实践等方式来实现科研反哺教学，不同形式的科研反哺教学采取不同的学业考核方式，提高学生的逻辑思维能力、独立思考能力、交际表

达能力等综合性能力水平。

（二）科研反哺教学创新改革目标

从总体目标角度来看，在推进应用经济学世界一流学科建设和理论经济学、应用经济学、统计学省一流学科建设以及一流学本科专业建设过程中，通过调整优化本科培养计划与科研反哺教学构建辽宁大学新文科发展体系。

从阶段目标角度来看，主要分为前期设计、改革实施段、经验总结和全面推广四个阶段。前期设计阶段重点结合新文科发展要求，设计科研反哺教学模式的创新方案；改革实施阶段主要以经济学专业为试点，并逐步在经济学院全面实施；经验总结阶段梳理实施过程中的成功经验与不足，完善设计方案；全面推广阶段强调在取得良好效果后逐步在全校推广。

基于科研反哺教学创新改革目标，重点解决以下几个关键问题：一是新文科发展体系的构建；二是科研反哺教学模式创新；三是多学科交叉融合课程的设置；四是新文科背景下科研反哺教学模式创新对世界一流学科建设的影响；五是新文科背景下科研反哺教学模式创新对一流本科专业申报的影响。

（三）科研反哺教学创新改革特色

1. 符合教育部构建新文科发展体系与提高本科人才培养质量要求

新文科体系的构建是实现"着力构建中国特色哲学社会科学，在指导思想、学科体系、学术体系、话语体系等方面充分体现中国特色、中国风格、中国气派"[1]的基本要求。推动科研反哺教学是教育部、辽宁省以及辽宁大学提高本科教育质量的重要途径。新文科背景下科研反哺教学模式创新研究正是在这一背景下提出的。

---

[1] 中共中央宣传部. 中国共产党宣传工作简史（下册）[M]. 北京：人民出版社，2022：595.

2. 新文科背景下科研反哺教学模式研究视角创新

自新文科提出以来，诸多学者围绕新文科的内涵、特征、困境与实现路径等方面展开了全面、深入和系统的研究。此外，已有文献也从不同类型学校、不同专业角度讨论了科研反哺教学模式。但已有文献鲜有从新文科背景下讨论科研反哺教学模式的创新研究，这也体现出本研究的视角创新。

3. 研究内容的创新

本研究力求在点（辽宁大学经济学院个案分析）、线（不同学院、不同学校的类比分析）、面（经验推广的一般分析）结合的基础上，讨论新文科背景下科研反哺教学模式的创新研究。此外，通过在《信息经济学》《经济学论文写作》课堂创新教学方式，来培养学生的创新和实践能力，这也进一步体现出研究内容的丰富。

4. 研究方法的创新

本研究借助文献研究法对新文科背景下科研反哺教学模式的相关文献进行整理，通过案例分析方法借鉴国内知名高校的成功经验，采取统计学和计量经济学分析方法讨论新文科和科研反哺教学模式的学生选题意愿，有利于完善和推进教学方式的改革。

三、科研反哺教学创新改革实施路径

（一）政策

辽宁大学对本科教学改革非常重视，按照《教育部关于深化本科教育教学改革　全面提高人才培养质量的意见》《关于进一步深化本科教学改革　全面提高人才培养质量的实施意见》等相关文件精神，积极出台制定《辽宁大学本科教育高质量发展若干意见》等相关政策，并通过支持教学改革提高本科教育教学质量，不断提升人才培养质量。辽宁大学世界一流学科建设中的本科人才培养也是重要考核指标之一。学校通过整合资源,不断加强本科教学改革的支持力度。

(二)保障条件

辽宁大学专任教师具有丰富的教学与教学管理经验和扎实的科研基础,对本科教学改革工作非常重视,学校和学院订阅了大量国内外学术期刊,拥有知网、万方数据库、中经网等网络学术资源,学校各个部门在本科教学改革方面提供积极的政策与人员支持,这些都为科研反哺教学创新改革的顺利开展提供了保障。

参考文献:

[1] 安丰存,王铭玉. 新文科建设的本质、地位及体系 [J]. 学术评论,2019 (11):5-14,191.

[2] 陈凡,何俊. 新文科:本质、内涵和建设思路 [J]. 杭州师范大学学报(社会科学版),2020 (1):7-11.

[3] 段禹,崔延强. 新文科建设的理论内涵与实践路向 [J]. 云南师范大学学报(哲学社会科学版),2020 (3):149-156.

[4] 樊丽明. 对"新文科"之"新"的几点理解 [J]. 中国高教研究,2019 (10):10-13.

[5] 黄震方,黄睿,侯国林. 新文科背景下旅游管理类专业本科课程改革与"金课"建设 [J]. 旅游学刊,2020 (10):83-95.

[6] 李凤亮. 新文科:定义·定位·定向 [J]. 圆桌,2020 (1):5-7.

[7] 苏志恒,郑华. "双一流"背景下科研反哺教学模式在地方医学院校的实践与探索——以广西医科大学为例 [J]. 教育观察,2019 (1):114-115,118.

[8] 王平,李玉红. 科研反哺教学的探索与实践——以北京联合大学法学学科专业为例 [J]. 北京教育(高教),2019 (Z1):137-139.

[9] 王相刚. 试论应用型高校科研反哺教学的必要性 [J]. 当代教育实践与教学研究,2020 (6):83-84.

[10] 谢芹. "新文科"专业多元融合式人才培养策略研究 [J]. 中国石油大学胜利学院学报,2019 (3):46-50.

[11] 钟晓玲. 基于"翻转课堂"在中职英语教学中的应用探究 [J]. 校园英

语,2020(36):152-153.

[12] 周杰,林伟川.地方院校新文科专业建设的掣肘及路径[J].教育评论,2019(8):60-65.

[13] 周晓玉,陈霞.科研反哺教学下的实验项目开发:乙酸苯酯的制备[J].山东化工,2020(18):134-135.

经济类专业创新创业课程体系构建研究

和 军 靳永辉*

摘 要：完善的创新创业课程体系是提升创新创业效果和实现培养目标的重要保障。本文基于对既有关于创新创业课程体系的研究，结合经济类专业大学生自身特点，通过对经济类专业创新创业课程体系现状研究分析，针对中国经济类专业创新创业实际，总结了构建创新创业课程体系应坚持的原则，构建了以培养目标为导向的"目标—类型—内容—评价"课程体系框架，并对通识课程体系、专创融合课程体系、实践课程体系和评价体系分别进行分析构建。

关键词：经济类专业；创新创业；课程体系；构建

习近平总书记在党的二十大报告中提出："必须坚持科技是第一生产力、人才是第一资源、创新是第一动力，深入实施科教兴国战略、人才强国战略、创新驱动发展战略，开辟发展新领域新赛道，不断塑造发展新动能新优势。"[①] 高校是开展创新创业、深化高等教育改革、全面提升人才培养质量和造就高素质创新创业人才的主要阵地，高校开展创新创业是服务国家实施科教兴国战略、人才强国战略、创新驱动发展战

---

* 和军、靳永辉，辽宁大学经济学院，研究方向为老工业基地振兴。
① 党的二十大报告辅导读本 [M]．北京：人民出版社，2022：30.

略重要战略决策的重要保障。

创新创业最早起源于美国高校的商科类专业，经济类专业的学科特点、培养方向、课程设置等使得经济类大学生成为大学生创新创业的主力军，经济类专业大学生经过经济学、管理学、金融学等创新创业所需的基本技能的系统学习，具备扎实的经济理论素养，熟悉经济发展规律和特点，对经济市场和企业运营能够运用专业知识进行科学分析判断和管理，对经济现象更加敏感，思维更加活跃，市场眼光更加敏锐，对市场机遇更易把握，创业意愿更加强烈，创新创业兴趣更加浓厚。

科学的创新创业课程设置和完善的课程管理体系是高校进行创新创业的重要保障。2015年，国务院办公厅颁发的《关于深化高等学校创新创业教育改革的实施意见》指出，到2020年建立健全课堂教学、自主学习、结合实践、指导帮扶、文化引领融为一体的高校创新创业体系，人才培养质量显著提升。经过几年的发展，高校创新创业课程得到了不断补充，一些高校在一定程度上初步形成了符合自身学校特点的创新创业课程体系，对于经济类专业大学生而言，不同类型的学校对课程体系建设也进行了积极探索，但是目前还没有构建一整套完整的适合管理类大学生的创新创业课程体系。

一、文献综述

关于创新创业概念的认知，国内外学者看法并不一致。起源于美国的创业教育事实上也包含对学生创新意识、创新精神和创新能力的培养，但是只用了"创业教育"这一说法，对创业教育的研究理论依据是古典经济学的"企业家精神"。蒂蒙斯（Timmons，1999）认为创业教育不是简单的就业培训，也不是一种"企业家速成教育"，而应该是注重企业家精神的培养、关注机会识别和把创意付诸行动的教育。2010年，《教育部关于大力推进高等学校创新创业教育和大学生自主创业工作的意见》首次使用"创新创业"一词，并提出创新创业是为适应经济社会和国家发展战略需要而产生的一种教学理念和模式。创新教育是一种将创新和创业教育相融合，以培养学生创新精神、创新意识、创新思维、创新能力以及创新人格等创新素质为目的的教育活动（周志成，2011；李志义，2014）。对创新创业的认识是开设创新创业课程以及形成课程体系的前提，美国的创业课程围绕创业教育来设置，包括创业程序和整个过程（梅伟惠，2010），所构建的创业学课程体系包括管理学、法学以及市场营销等多个学科，囊括从对市场机会识别、进行资源整合到建立商业组织的整个过程（Kourilsky，1995；Solomon et al.，2002）。国内学者也对创新创业课程体系的构建进行了一些探索，如主张应该根据学生的不同年级分类设置创新创业课程，要体现出不同年级的差异性（刘卫东和雷轶，2017），课程体系要以学生能力为导向（王学颖和于锡金，2017）。在创新创业课程的设置过程中要遵循一定的原则，赵会利（2016）认为应遵循理论和实践并重原则、创新创业和专业教育有机融合原则、全程化原则，尤其是在"互联网+"背景下高校开展创新创业应该基于互联网技术和慕课理念的在线课程学习系统，构建遵循开放性原则、个性化原则、以学生为本原则的分层分类、逐步递进的创新创业课程体系（刘颖洁，2017；杜启翠和厉成晓，2022）。唐德森（2017）运用以能力为核心、以学生为主体、以市场为导向的构建方法，提出"环形"创新创业课程体系模型，该体系模型包含四个层次，其中最核心层是创新创业精神培养。

关于经济类专业大学生创新创业课程体系构建的研究比较少，更多的研究是一线教师基于自身所讲授课程，针对出现的问题提出相应的改革对策，还有一些学者研究了经济类专业与创新创业的关系。经济类学科具备多学科交叉融合的特点，是实践性极强的应用学科，在创业方面更具有学科优势和专业基础（冀强等，2017）。经济类大学生具有更活跃的思维、更敏锐的市场眼光和更强烈的创业意愿，相比理工科和文科更具有创新创业潜力；管理类大学生更能激发创新潜力，在创业方面也更有实战精神（杨霞和李洁，2015）。还有一些学者从国家可持续发展和"一带一路"倡议、国务院"大众创业、万众创新"重大举措和地区经济发展的角度对经济类专业与创新创业的关系进行了相关研究（胡征，2016；全文，2017；久毛措，2017）。而针对经济类专业创新创业课程体系的研究却比较少，只有李晶（2018）通过分析财经类院校创新创业实践课程开设的现状，基于杜伟活动课程观设计搭建了创新创业实践课程体系"1 + 2 + 3 + 4"模式。

国内学者对创新创业课程的研究取得了丰硕的成果，但是研究方向和研究重点更多集中在某一学科或者典型高校开展创新创业的整体层面，对于最具创新创业活力的经济类专业大学生创新创业课程体系缺乏系统研究。有研究显示，通过学习创新创业课程，高校学生创新创业素质提升程度最高的是财经类高校学生，提升程度的均值范围为 3.79 ~ 3.94（朱恬恬和舒霞玉，2021）。所以，对经济类专业创新创业课程体系构建进行研究，构建高质量的创新创业课程体系，将有助于提升高校创新创业效果、提高高等教育人才培养质量，从而更好服务于国家科教兴国战略、人才强国战略和创新驱动发展战略。

二、经济类专业创新创业课程体系现状分析

我国的创新创业起步较晚，虽然经过近些年发展取得了一定的进展，各个高校都在结合自身特点设置出一系列课程，但是适合不同专业的完善的课程体系并没有形成，经济类专业的课程设置也存在一些问题。

（一）课程设置不够系统化

完整的课程体系应该把课程内容、课程层次、课程模块和课程之间的联系等各个要素进行有机整合。目前，经济类专业创新创业课程设置由各个高校自行探索设置，一些高校课程设置不够系统化，一些高校根据学校自身特点对经济类专业创新创业开设了各种各样的课程，也在积极设置出创新创业的模块化课程，但是并没有把通识课程、专业知识课

程和创新创业技能课程进行联动，各种课程孤立存在并由学校不同的部门和学院负责开设。有些经济类专业课程内容单一，所开设的课程体系更加注重专业课和实践的教学，认为具备扎实的专业课知识辅以实践能力就能够提高创新创业能力，却忽略了学生创新创业心理素质和创新精神以及创新创业意识和素养、价值观等方面的培养，而这些更应该是贯穿到创新创业全过程的课程。还有一些高校由于对创新创业认识不足，对课程的重视度不够，仅将很多创新创业课程纳入选修课中，致使一些学生为了学分或者升学等功利性动机而没有受到系统的创新创业指导，使得创新创业课程没有起到应有的效果。

（二）科学统一的教材体系没有形成

教材是课程教育的重要载体和工具，在传播知识、提升教学效果等方面起到很重要的作用。创新创业课程的特点决定了教材建设与专业类教材体系不同，现有的教材缺乏统一性，适合不同类型高校、不同专业学生和不同年级和学历层次的创新创业通识课程教材比较缺乏。创新创业"专创融合"类教材仅由实力较强的高校组织编写，在教材建设过程中并没有打破高校学院设置的学科壁垒，使得教材的学科交叉性特点难以实现；在教材建设时创新创业的参与主体缺位现象明显，学生、企业和社会对于教材建设的参与度不够，这也导致教材更加侧重于理论性，实践性不强，与创业实际有所脱节，管理类专业的学生甚至不能从教材中系统了解区域经济发展状况、区域主导产业和产业发展现状。甚至在一些不具备编写教材资格的院校，创新创业课堂授课教师仅凭参考国内外不同教材和网络信息加上个人的理解便形成自己的授课讲义。管理类专业学生所学专业课更具开放性，学生更具国际性视野，西方自由资本主义的思想会影响到个体的义利观，进而影响学生创新创业动机，而贯穿于学生创新创业全过程的能够培养学生创新精神以及创新创业意识和素养、价值观等方面的通识类课程教材也难以满足现实需要。

（三）评价体系不完善

创新创业课程不仅具有很强的实践性，而且包含学生、教师、高校、企业、社会等多元参与主体，但是目前大多数高校对于课程的评价更多是借鉴其他学科的方法，参与评价的主体也主要集中于学校的师生，而且在对课程进行评价的过程中缺少必要的评价工具和评价标准，导致创新创业课程评价方法缺失。评价内容是针对教师上课质量的评价，包括教师上课内容加上学生考试情况，这些只能体现出学生对所学课程理论的掌握，而这些对于创新创业成效的评价是局部的，不能完整体现出学生创新创业能力的提升。同时，有些高校将学生参加创新创业竞赛所取得的成绩用以衡量评价创新创业的效果，过度提升竞赛获奖的权重会使得创新创业在某些高校演变成少数人参与的"应赛教育"，这与开展创新创业的初衷是相悖的。另外，还有一些高校将学生发表论文、获得专利和参与其他形式的创新创业活动换算成一定的分数进行综合评价，但是不同学校没有统一的标准，这些论文和专利的创新程度难以准确衡量。

三、创新创业课程体系构建原则

经济类大学生创新创业课程体系的构建是在结合经济类大学生专业背景的基础上，致力于培养学生的创新创业思维、精神和能力，所以课程设置要遵循一定的原则科学规范设置，才能够充分发挥课程体系作用提升学生创新创业素质，实现创新创业目标。

（一）树立正确的创新创业价值观

在构建经济类专业大学生创新创业课程体系时要将培养学生树立正确的价值观作为首要原则，坚持把习近平新时代中国特色社会主义思想作为大学生创新创业课程体系指导思想。价值观在一个人的思想观念中处于核心地位，大学生创新创业价值观将决定着大学生创新创业的态度、动机、行为和价值立场。经济类大学生所接受的专业教育中的一些理论是基于欧美自由资本主义背景，如"经济人假设"的利益观是新古典经济学从某种先验的人性出发推演出经济关系的存在而得出的，马克思主义经济学继承和发展了这个概念中的合理成分（孟捷，2007）。创新创业的创造价值不仅是创富，创富也不是创新创业的唯一目标和终极目标，创新创业课程要注重引导大学生树立与国家倡导的创新创业目标一致的能够契合国家创新驱动发展战略的创新创业精神、创新创业意识和社会责任感，将社会主义核心价值观作为创新创业的价值判断和选择标准，形成对创新创业的正确价值认知，注重学生个体全面发展，将大学生创新创业与国家创新驱动发展战略融为一体，实现自我价值和国家利益的统一。

（二）以经济类专业背景为基础

管理类专业创新创业课程的设置要结合经济类的专业背景，培养学生的创新思维、创新能力和创新创业精神，课程内容的设置应坚持以下原则：一是课程设置要注重学科交叉性。经济类大学生创新创业不仅要求掌握经济学、管理学、企业管理、投资学和国际贸易等专业知识，还需要具备资源管理能力、团队协作能力和组织管理能力等综合性能力，这就需要开设课程时要打破学科壁垒，开设多学科交叉性课程。二是坚持理论与实践相结合的原则。创新创业相对于其他理论教育而言更具实践性，所以实践类课程是创新创业不可或缺的部分，实践类课程可以推动学生感知和接触现实问题，培养学生的动手能力、探索能力、组织运用已有理论知识的能力和创造新知的能力，从而使学生的创新思维得以发展，与现实更接近的学习也可以成为大学生主动学习的原动力。三是坚持以学生为本的原则。即使是经济类同专业的大学生，也会因学生自身性格特点、心理素质差异和成长环境不同，而使其对创新创业的认知和理解也有所不同，因此课程要坚持动态调整的开放性的特点，充分尊重学生的兴趣爱好，针对创新创业积极性很高的学生要有针对性地差异性教学。四是与区域经济发展相结合的原则。经济类大学生的培养主要应服务于地方经济发展，尤其是地方所属院校，生源以本区域为主，所以经济类创新创业课程要体现出区域经济发展特色，和区域产业体系相吻合，从而有助于学生积极投入家乡的经济发展，促进创新创业热情，提高创业成功率。

（三）评价体系客观科学有效

创新创业课程评价体系要坚持科学性、可测性、客观性、开放性、多元性和动态性原则。课程评价体系是对课程实施效果的科学评价，是改进课程设置、推动创新创业效果和提高大学生创新创业能力的重要参考，课程评价体系要遵照高等教育、创新创业课程建设和课程教学的一般规律，指标体系应该涵盖学生的心理素质、身体素质、品德素质、创新创业意识、创新创业学习能力、交叉学科知识水平、领导决策能力、组织管理能力和创新创业结果等多维度综合评价指标。所选择评价指标要客观准确可测，评价体系要开放多元，学生、教师、企业、政府管理部门和社会都应该参与创新创业课程评价。学校应该成立专门的教学评价机构，这个评价机构应该由多方参与构成，形成一套科学的评价系统，对评价目标进行科学量化，形成科学的指标体系，运用科学的数学分析方法保证结果的客观可靠性。同时，还要根据实际情况的变化进行动态调整。

四、经济类专业创新创业课程体系的构建

课程体系是实现创新创业目标的载体，创新创业课程的目标是指导教育课程内容和课程设置的准绳，用来指引创新创业课程的内容选择、课程组织形式和课程的实施方案。创新创业的目标是培养大学生的创新创业意识、创新创业精神和创新创业能力，同时在这个过程中培养学生正确的创新创业价值观。经济类专业创新创业课程体系的构建要在习近平

新时代中国特色社会主义思想指导下，以培养目标为导向，结合经济类专业特色、高校学科设置情况和办学定位以及所处区域经济社会发展状况，将课程体系与学校人才培养目标和模式融为一体，体现创新创业的专创融合和实践性特点。培养目标决定着具体的课程类型，可根据培养目标和课程类型确定具体的课程内容，课程评价是对课程实施效果的检验，即检验课程是否实现了既定的培养目标。创新创业课程体系的分析框架如表1所示。

表1　　　　　　　　创新创业课程体系分析框架

培养目标	课程类型	课程内容	课程评价
培养创新创业意识、社会责任感、正确价值观	通识课程	创新创业基础、心理学、思想道德、创新创业价值观等	以市场为导向，多元、全面、科学、动态可测的长短期结合评价体系
培养创新创业思维、创新创业素养	专创融合课程	交叉融合学科、校内校外联合创新创业课堂	
提升创新创业能力	实践课程	建设模拟实验室、实训基地、孵化基地	

（一）构建完善的创新创业通识课程体系

习近平总书记指出："广大青年要坚定理想信念、练就过硬本领、勇于创新创造、矢志艰苦奋斗、锤炼高尚品格。"[①] 通识课程的开设要培养大学生与建设创新型国家、实施创新驱动发展战略和实现中华民族伟大复兴紧密相关的创新创业精神、创新创业意识和社会责任感，引导大学生自觉践行社会主义核心价值观。

创新创业通识课程面向全体大学生开展，课程实施时间贯穿于创新创业的全过程，借助于学校形势与政策和思想政治教育理论课，加强对党和国家最新方针政策的解读与宣传，使学生全面认识新时代中国特色

---

① 习近平. 论党的青年工作 [M]. 北京：中央文献出版社，2022：153-154.

社会主义发展的理念、思路、布局和措施，深刻认识当前中国创新驱动发展战略和进行创新创业的现实需要，能够切身感受到创新创业目标是自身成长发展和国家发展的有机统一。

通识课程的教材应该包括国家统一教材和地方特色教材，国家统一教材应该由教育部组织高校进行编撰，以习近平新时代中国特色社会主义思想为编撰指南，将习近平经济思想写入教材，提高学生对把握新发展阶段、贯彻新发展理念、构建新发展格局的认识和能力。地方性教材应该由地方教育厅负责组织高校进行编撰，内容要具有地方特色，包含地方产业特色、人文历史、经济社会特点等，以及地方给予大学生创新创业的最新激励措施。课程开展形式除大学课堂授课之外，国家还应该借助互联网建设通识课程平台，并适时邀请专家学者和成功的创新创业者开展线上讲座。另外，由于创新创业存在风险和失败的可能，因此要针对创业开设心理学课程，提升学生心理素质和应对挫折与风险的能力，心理课程也要贯穿于创新创业的始终，在学生离校后遇到创业挫折时还能够为其提供心理疏导服务。

（二）构建基于高校特点和区域特色的专创融合课程体系

专创融合是将创新创业和专业教育有机融合，在学校对大学生进行专业教育的同时，使其掌握创新创业理论，并能够运用专业理论和创新创业理论进行一定的创业设计。经济类专业大学生主要集中于综合类高校和财经类院校，所以在构建专创融合课程体系时要结合高校特点。综合类高校学科比较齐全，高校要针对创新创业进行管理机构改革，打破院系专业壁垒，在校内实现专业交叉融合；财经类院校需要打破院校壁垒，与其他综合类或者理工类学校进行联合，共同建立专创融合的课程体系以解决学科交叉问题。

专创融合课程体系的构建仅靠高校是无法单独完成的，需要政府、行业、企业和社会广泛参与进来共同构建，高校要开放办学，邀请行业企业一线工作人员和企业家走进校园与校内专业教师共同开发课程，聘请一线工作人员和企业家作为创新创业课程导师，课程中要包含管理类专创融合案例，创建一支结构多元、专兼职结合、专业和创新创业指导能力兼备的教学团队，构建涵盖管理类专业课程和创新创业方法、创新创业实践、创新创业体验的专创融合课程，专创融合课程能够使得高校人才培养可以和社会需求对接，同时也可以发现高校教学工作中的不足，促进高等学校教育改革，提高人才培养质量。

（三）构建校内校外综合的实践课程体系

创新创业有一个显著的特点就是实践性，需要大学生到实实在在的创新创业环境去实践。所以，创新创业实践课程体系的构建仅靠学校是难以完成的，需要政府、企业和学校协同联动。从创新创业实践课程的形式来看，主要包括对实验操作、生产经营、管理运营、社会交往的观摩、模拟、实操等，可以分为校内实践课程和校外实践课程两种。

针对校内创新创业实践课程的建设，学校要根据学校情况制订可行的教学方案并落实到详细的教学计划，让尽可能多的具备创新创业意向的大学生都参与进来，对大学生进行学业激励，可以让学生通过实践课程的学习获得相应的学分。首先，学校建立管理类专业模拟实验室，让学生可以通过模仿、观察和实际操作等方式进行实践，比如可以让学生模仿创办企业进行运营管理，以及参与股市、期货、电子交易的环境演练等活动，通过模拟加深对创新创业过程的认知；其次，高校要开展丰富的创新创业校园实践活动，利用学校社团和科技活动，将校内活动与全国性的创新创业大赛进行衔接，拓展大学生创新创业实践平台，创建专门的创新创业社团，通过举行丰富多样的活动给予大学生足够的展示平台，推动创新创业的开展；最后，政府和高校投入专门资金设置创新创业基金项目供学生申请，在老师的帮助下进行创新创业项目训练，提升大学生创新创业能力。

校外的实践课程可以通过校企合作开设。首先，高校可以在企业建立校外实践教学基地，为大学生提供专业的设备和工作场景，弥补学校设备和场地的不足；其次，企业也可以为大学生设置一些专门的岗位进行实习锻炼，使大学生直接参与企业的管理、生产、销售等环节，将专业理论和现实实际进行衔接，将专业理论灵活应用于现实场景；最后，学校可以和企业建立沟通机制，企业对市场信息的敏感性可以帮助学生获得创新创业机会，学校和企业可以共同应对市场的变化。除校企合作之外，地方政府也应该积极参与大学生的创新创业，营造创新创业环境，培育创新人才，促进地方经济发展。地方政府应该牵头由高校和企业共同创办产教融合的创新创业孵化基地，为大学生提供支撑服务并搭建学生与企业和市场之间的平台，可以成为大学生创业的"实战演习"基地。

（四）构建多元主体参与、科学有效的课程评价体系

构建科学有效的课程评价体系是确保创新创业课程体系实施效果的重要环节。最早的创新创业开始于商科专业，近年来我国经济类专业的创新创业发展迅猛，所开设的创新创业课程在多大程度上提高了大学生创新创业能力以及是否促进了大学生创新创业，需要进行科学有效的评价。

不同于其他学科的评价体系，对创新创业课程的评价有其自身特点。首先，参与创新创业的主体是更加多元的，有政府、社会、企业、教师和学生，其中学生是最重要的主体，也要加入校友、教师、用人单位等群体参与评价，确保评价的全面性；其次，创新创业有一个显著的特点就是实践性，实践的结果引导整个创新创业课程体系的构建，所以要将创新创业实践水平和实践结果作为课程评价体系的重要指标，对实践过程和结果建立可行性的指标评价；再次，以市场需求为导向，建立短期和长期相结合的开放的动态调整评价体系，企业、优秀的创业校友和商业人士更接近市场，对市场敏感程度要大于学校师生，可以建立以市场需求为导向的短期评价体系，及时通过评价对课程体系进行调整；最后，对既有理论又有实践、既有校内又有校外、既有线上又有线下的创新创业课程体系进行评价是比较复杂而庞大的评价系统，要选择科学的数学分析方法进行分析，比如目前常用的主观赋权法、结构分析法、Delphi法等，借助成熟的数据分析方法，可以使得复杂的系统评价结果

更加科学严谨,有助于准确评价课程体系的有效性和对问题的识别与改进。

参考文献:

[1] 杜启翠,厉成晓. 双创背景下高校大学生创新创业体系构建[J]. 质量与市场,2022(2):70-72.

[2] 胡征."大众创业、万众创新"背景下高校"双创型"经济类人才培养模式研究[J]. 特区经济,2016(8):170-171.

[3] 黄兆信,黄扬杰. 创新创业质量评价探新——来自全国1231所高等学校的实证研究[J]. 教育研究,2019,40(7):91-101.

[4] 冀强,卢金钟,刘文涛. 经济类大学生创业能力结构模型构建研究[J]. 内蒙古工业大学学报(社会科学版),2017(1):26-30.

[5] 久毛措. 民族地区高校经济类应用型创新人才的培养[J]. 现代企业,2017(7):61-62.

[6] 李家华,卢旭东. 把创新创业融入高校人才培养体系[J]. 中国高等教育,2010(12):9-11.

[7] 李晶. 财经类院校创新创业实践课程体系的建构[J]. 内蒙古财经大学学报,2018,16(3):74-77.

[8] 李志义. 创新创业之我见[J]. 中国大学教学,2014(4):5-7.

[9] 刘卫东,雷轶. 基于人才培养全过程的创新创业课程体系建设研究[J]. 国家教育行政学院学报,2017(8):8-14.

[10] 刘颖洁."互联网+"视域下的高校创新创业课程改革路径研究[J]. 中国市场,2017(31):231-232.

[11] 马永斌,柏喆. 大学创新创业的实践模式研究与探索[J]. 清华大学教育研究,2015,36(6):99-103.

[12] 梅伟惠. 美国高校创业教育[M]. 杭州:浙江教育出版社,2010.

[13] 孟捷. 经济人假设与马克思主义经济学[J]. 中国社会科学,2007(1):30-42,205.

[14] 全文."互联网+"背景下经济类大学生创业教育的对策研究[J]. 广西青年干部学院学报,2017,27(1):63-66.

[15] 唐德淼. 高校创新创业课程体系构建与评价[J]. 当代教育实践与教学

研究，2017（3）：146-148.

［16］王学颖，于锡金. 基于 OBE 理念的创新创业课程体系设计［J］. 沈阳师范大学学报（社会科学版），2017，41（5）：123-127.

［17］杨霞，李洁. 管理类大学生创业能力培养与实践研究［J］. 赤峰学院学报（自然科学版），2015，31（16）：208-211.

［18］杨晓慧. 我国高校创业教育与创新型人才培养研究［J］. 中国高教研究，2015（1）：39-44.

［19］赵会利."双创"背景下高校创新创业课程体系的构建［J］. 中国成人教育，2016（22）：100-103.

［20］周志成. 高等教育哲学视阈下的创新创业［J］. 北京交通大学学报，2011（3）.

［21］朱恬恬，舒霞玉. 我国高校创新创业课程建设的调研与改进［J］. 大学教育科学，2021（3）：83-93.

［22］祝金旭，石作荣，张帆. 创新驱动发展战略视域下高校创新创业困惑与对策研究［J］. 高教学刊，2023，9（10）：56-59，63.

［23］Kourilsky M L. Entrepreneurship Education：Opportunity in Search of Curriculum［EB/OL］. http：//www. unm. edu/~asalazar/Kauffman/Entrep_research/e_educ. pdf，1995.

［24］Solomon G T，Duffy S，Tarabishy A. The State of Entrepreneurship Education in the United States：A Nationwide Survey and Analysis［J］. *International Journal of Entrepreneurship Education*，2002.

［25］Timmons J A. New Venture Creation：Entrepreneurship for the 21st Century，—7 ed［J］. *Andi*，2010.

管理类专业创新创业课程体系改革研究

谢思 和军*

摘 要：为社会培养拔尖创新型人才、输送具有企业家精神的新时代创业者，是"双一流"建设的重要任务。课程体系作为学生和高校最直接的互动媒介和最重要的内容载体，其能否不断改革以适应新的教育形式，成为能否实现创新创业目标的关键环节。本文在阐述经济类专业创新创业的内涵与意义的基础上，分析了国内"双创"教育课程体系的现状以及美国和其他典型国家"双创"教育的成功经验，基于此提出经济类专业课程体系改革路径。

关键词：创新创业；管理类专业；课程体系改革；国外经验

党的二十大报告提出，人才是第一资源、创新是第一动力，必须以创新驱动发展。高校是社会智库的汇集地，是创新创业的不竭源泉。因此，对于高等教育创新创业体系的教学改革，是贯彻落实全国教育新发展理念的重要途径，是做好新发展阶段高等教育的重要内容。

---

* 谢思、和军，辽宁大学经济学院，研究方向为规制经济学。

一、管理类专业创新创业的内涵与意义

"双一流"建设背景下,高校对于"双创"教育体系的整体以培养"双创"型人才为核心目标,以培育创新创业型意识、精神和技能为价值取向,通过整合传统的专业教育模式与先进的创新创业内容,打造出涵盖教育目标、理念、课程、师资、平台与保障六位一体的创新教育结构体系(张永杰等,2022)。其中,创新教育指的是为社会主义现代化建设培育具有创新意识和创新能力的开拓进取、家国情怀的创新型人才,创业教育是指为社会培养和输送具有创业意愿和创业技能的百折不挠、上下求索的创业型骨干。在创新创业结构中,"双创"课程体系的内容既是教育目标、理念的具体落实,同时又是师资、实践与保障的主要实现形式,居于核心枢纽环节。

在"双创"教育背景下,管理类专业由于其专业特点,一方面,由于财会制度、金融知识和经济理论与社会发展更为密切,因此经济管理的理论较其他学科迭代速度更快,需要更深入地和社会实践相融合;另一方面,经济管理作为社科类专业扎根于社会实践,所以管理类专业的创新需要更广泛的社会实践"来把论文写在大地上"。基于上述观点,经济类专业"双创"教育课程体系改革探索迫在眉睫,而首要环节就是厘清经济类专业"双创"教育课程体系的内涵与外延。经济类专业的课程体系有以下三个方面的重要内容:一是基于"双创"培养方案所设立的学分权重激励体系;二是基于"双创"教育内容所进行的课程设置体系;三是支撑"双创"教育课程体系"落地"的师资力量、授课模式等环节的保障支撑体系。以"双创"为导向的教学目标,首先要求更新既有的学分激励体系,适度包纳"双创"教学内容的激励,合理地设置"双创"学分;其次是进行教学课程体系改革,建设有机衔接、系统科学的课程体系;最后就是要健全和完善"双创"教育的配套保障措施。

二、管理类专业创新创业课程存在的问题

我国"双创"教育政策起步较晚，最早可以追溯至 1998 年清华大学举办的第一届清华创业计划大赛，此后教育部逐步制定纲领性文件，明确要求高校开展"双创"教育、全面推进知识创新和技术创新，积极融入国家的创新工程建设中去（黄雅珍，2018）。自"大众创业、万众创新"以来，各省份采取诸多举措，深耕双创、孵化未来，取得了卓越成效。创新成就众多创业、创业带动大量就业，因此市场主体显著增加、市场活力进一步提升。在教育方面，各高校开设"双创"课程，培养学生的创新创业思维。我国高等院校在"双创"教育课程体系的实践过程中，虽然获得了一定的成果，但在某些方面仍有待完善。

（一）课程设置有待优化

在课程体系设置方面，我国高校目前普遍存在课程体系单薄、目标导向模糊等问题，尤其表现在"双创"教育方面。首先在"双创"教育课程体系的课程设置上，缺乏完整明确的课程大纲，导致课程设计分散重复，课程内容割裂无序；其次在"双创"教育课程体系的课程内容上，教学内容相比社会实践有一定程度的滞后性，教材设计上缺乏针对性强的专用教材；最后在"双创"教育课程体系的课程设计上，管理类院校"双创"课程的教学内容缺乏与专业知识的交叉，甚至与专业教育相脱离，学生难以与自身的知识体系建立联系。

（二）学分激励有待变革

学分绩点制度是目前国内外高校一直采纳的对学生的评估方式，建立健全统一、规范的学分绩点制度对提高高等教育质量、实现多样化的评价方式起到了奠基性的作用（吕晓芹，2018）。当前，我国双创教育和学分绩点制度均处于起步阶段，一方面我国高校之间没有建立协调一

致的绩点转换标准，各高校自建标准在一定程度上影响了高校之间合作发展的教学效果；另一方面当前的学分绩点制度并未对"双创"教育形成系统性的激励机制，高校还是较为注重传统的理论学习而弱化包含"双创"等在内的实践学习。

（三）授课方式有待多样化

"双创"教育和传统理论教育的最大区别之一就是更为重视社会实践，即理论成果转化为实际项目、实际收益的实践过程，因而更容易从授课方式的多样化改革中获益。但是我国目前的"双创"教育授课方式仍较为单一，校企合作、企业实践仍处于边缘化的地位，这种与实际相互脱离的现状阻碍了高校的成果转化。此外，在高校目前的授课方式下，经济类学生较工科类学生而言实践机会本就匮乏，雪上加霜的是大量调研表明普通高校经济类学生的实习流于形式。而作为补充的授课方式，如朋辈教育、案例分享、线上培训等又处于新兴阶段。

（四）师资结构有待完善

"双创"教育也对教师结构提出了新的要求，不仅需要更多活动于校企之间、敏锐捕捉市场结构变化的"实战型"教师，更需要建立健全灵活的用人机制、流动机制来保障高校能吸收容纳具有丰富创业经历的企业人才来推动"双创"教育的发展。然而一方面，目前我国高校既有的"理论型"教师缺乏创业的实践经历，以及创新创业所要求的综合素质，同时高校层面又缺乏具有实质性提升高校传统教师"双创"素养的培训平台；另一方面，我国高校缺乏协同育人的机制，一是表现在高校内部缺乏融合各学科的交叉型师资，二是表现在高校外部缺乏整合校企之间资源的平台。

三、国外高校创新创业课程体系发展经验

当前国际之间的竞争日趋激烈，竞争的主要阵地从工业装备的"硬

实力"逐渐转向创新导向的人才"软实力"竞争,而高校作为"双创"教育的前沿阵地,进行"双创"背景下的课程体系改革研究已然成为全世界高校探索的主流育人模式(杨建肖和孙天玥,2019)。我国的"双创"教育起步较晚,而西方国家已经对"双创"教育进行了规模化的普及,"双创"教育的普及又反哺西方国家的经济发展,形成了循环效率的相互支撑模式。我国作为后发国家,有必要借鉴"双创"成熟型国家的发展经验,从而提高我国的创新创业水平,保障经济的高速发展(见表1)。

表1　　典型国家的"双创"教育理念与成功经验

典型国家	教育理念	成功经验
美国	将"双创"精神熔铸到基本的教育理念	教育课程体系完善,支撑体系完备、多样化的教育模式与授课模式
以色列	学以致用	产学研的深度闭环
日本	以服务本地经济发展为教育目标	教育贯穿学生的整个教育生涯,使得不同年龄段的孩子可以接受到符合该年龄段身心发展特点的"双创"教育内容
新加坡	学习欧美经验	多样化、个性化的课程体系和授课模式

(一)美国创新创业课程体系的发展经验

美国是"双创"理论的最早提出者和践行者,同时也是"双创"教育取得成果最为丰富的国家,仅哈佛大学的"双创"教育就孵育了一批全球知名的跨国企业,如惠普、思科等,麻省理工学院也平均每年为全美输送150个公司。如此成功的"双创"教育主要得益于美国政府汇集社会多方力量促成了协同育人的机制。一方面,协同育人保障了"双创"教育内容和社会发展的一致性,培育了一批综合素质较高、具有长远眼光的"创业家";另一方面,协同培养的方案保障了校企同步和资金来源,使得"双创"教育催生的项目成为有源之水。

在课程体系的建设上,美国高校已经将"双创"精神熔铸到了基本的教育理念之中，"双创"教育课程体系完善，支撑体系也较为完备，已经初具规模。各个高校也依据自身特点和比较优势，形成了多样化的教育模式。例如，斯坦福大学、哈佛商学院"双创"教育倾向于综合性；而加利福尼亚大学伯克利分校、麻省理工学院、马里兰大学等高校的创业教育则着重高科技创业；旧金山大学、圣荷赛州立大学等主要根植硅谷，为学生提供基于创业企业的更高质量的就业机会。在课程的实施上，美国高校创业教育课程的实施类型有很多，如案例教学法、项目教学法、浸入法、问题中心教学法、模拟创业、讲座、在线课程、社会考察、与企业高管对话等多种形式。在"双创"教育课程的层次上，美国高校的创业课程类型多样，根据不同层次的学生开发多个侧重点的创业课程，使学生可根据自身的知识经验储备和能力情况来选修自己所需要的课程。既有依托网络的通识类课程来满足通识教育的宽口径和基础性，也有实践类课程通过"专业教师+社会资源"的方式满足实践要求。

（二）典型国家创新创业课程体系的发展经验

以色列自然条件复杂、政治环境恶劣，但通过"双创"教育塑造了一大批具有创新能力的企业，是全球公认的创新型国家之一（刘文勇和刘玉峰，2019），其"双创"教育成功的秘诀在于产学研的深度闭环。一方面，以色列政府为"双创"教育提供了丰裕的政策供给，全社会各部门形成了"双创"教育的良好氛围；另一方面，以色列高校和军队、企业高度融合，通过设立技术转移办公室的措施来加快产学研的成果转换效率。日本国土面积狭小但地域格局狭长，各地之间的发展不平衡不充分，基于此国情背景，日本的"双创"教育以服务本地经济发展为教育目标。其政府主导的"双创"教育贯穿学生的整个教育生涯，使得不同年龄段的孩子可以接受到符合该年龄段身心发展特点的"双创"教育内容（刘双喜和郑越，2017）。新加坡的"双创"教育发端于20世纪90年代，在课程体系设计上紧跟国际潮流，形成了多样化、个性化的课程体系和授课模式，教师多居于引导地位，采用角色模拟、案例教学等互动化的教学模式，取得了一定的成效。

四、管理类专业创新创业课程体系改革路径

基于上述对于"双创"教育背景下我国高校课程体系的内涵、现状分析，并结合国外"双创"教育的成熟经验，本文认为我国管理类专业"双创"教育课程体系改革的路径要从学分权重激励体系、课程内容设置体系、包含授课方式和师资结构在内的支撑保障体系三个方面着手，最终形成三个体系有机结合、环环相扣的作用机制，进而推进我国"双创"教育取得实质性的进展。

（一）重构有效"双创"教育的学分权重激励

学分绩点制度的设立初衷之一就是摆脱传统"百分制"形成的统一化教育模式，通过激发学生作为学习主体的主动性促使学生进行"个性化"的选择，达成因材施教的教学目的，使学生不断发掘自己的比较优势。学分绩点制度得以高效运行的关键，在于整个教育体系需要转变人才的评估策略。在"双创"教育背景下，学分绩点制度成为撬动学生"双创"热情的关键翘板，这是因为学生始终是教育的主体，激发主体学习的动力始终是评价教育是否成功的重要标志。经济类专业要在传统重视理论学分的基础之上，逐渐增加对"双创"教育指标的考核，一方面要注重对"双创"教育课程体系赋予合理的权重，另一方面要注重对理论转化为成果的实践赋予合适的权重。通过重构学分绩点的激励机制，明确学生的学习目标、实践目标，进而激发学习主体的活力，建设有活力的"双创"校园。

（二）建立"基+专+叉"的多维课程体系

在课程内容的具体设立方面，通过通识课为基础、专业课为主体、辅修课为依托的"基+专+叉"三位一体的课程体系，全方位、宽领

域地覆盖学生对于"双创"教育的知识和技能培训。通识课程意在授予学生创新创业的基本知识结构，构筑学生创新创业的知识基础；而面向学生专业设立的专业课则旨在打通专业领域的学科特色和创新创业领域，培养学生将专业素养转化为具体实践产出的创新能力；交叉学科则培养学生的全域思维能力，为具有创业精神的学生赋予解决现代社会经济复杂问题的技能。

（三）建立"学+赛+践"融合的课程模式

在授课内容的多元化呈现和落实途径方面，前者要进行授课方式的创新，如采用朋辈教育、讲座教育的方式来讲述"双创"过程中的实践经验，为学生提供启发、树立榜样，亦可采取仿真教学、角色模拟、线上线下相协同等的授课模式来多样化地呈现教学内容，还可采取案例式教学、企业调查、企业实习等方式来补充传统授课实践性不足的缺憾；后者主要是指教学内容的具体实践方式，不同于传统学科的"试卷考试"，"双创"教育的主要考核应当重视实践落实，因此可以采取方案比赛、项目孵化、"互联网+"等的授课模式和考核模式来灵活教学，培育学生的"双创"思维。

（四）提升师资队伍水平

培养跨学科、跨部门的"实战型"师资队伍，是高校落实"双创"教育的重要保障。第一，要建立专兼结合的协同育人机制，校内老师通常是理论型人才，在教育学生的创业理论方面具有相对优势，但欠缺实战训练，在授课过程中学生容易缺乏激情；企业人员通常是实践型人才，拥有大量的创业创新经验，但缺乏授课技巧，在授课过程中学生容易感到困惑。因此，专兼结合的资源整合方式更易形成教学合力。第二，要建立交叉型学科的复合人才，虽然现代社会分工逐渐细化，但是对于"双创"教育而言，面对现代复杂的经济环境，只有具备全域思维的复合型人才才能游刃有余地去解决这些问题，所以要大力整合"双创"环境所要求的各个学科背景，通过"校企政"三方合作来组建高质量的教学团队。

参考文献：

[1] 黄雅珍. 我国高校创新创业发展中的现状、问题与改革路径［J］. 山东农业工程学院学报，2018（4）：134－135.

[2] 刘双喜，郑越. 日本高校创新创业的发展及其启示［J］. 河北农业大学学报（农林教育版），2017（6）：28－32.

[3] 刘文勇，刘玉峰. 以色列创新创业生态环境与高校育人的经验借鉴［J］. 继续教育研究，2019（2）：69－73.

[4] 吕晓芹. 建立科学统一规范的高校学分绩点评价体系［N］. 光明日报，2018－01－20.

[5] 杨建肖，孙天玥. 借鉴国外成功经验助推我国高校"双创"教育发展［J］. 河北农业大学学报（社会科学版），2019（6）：70－75.

[6] 张永杰，吴铃，罗忠莲. "双一流"建设背景下高校创新创业教育体系建构研究［J］. 教育学术月刊，2022（2）：50－56.

经济学教学面临的问题与方法创新

宋君卿[*]

摘 要：经济学是致用之学，提升经济学教学质量对于一个国家的经济发展非常重要。本文重点探讨了我国经济学教学中存在的问题和产生问题的原因，并提出了进行教学方法创新的具体方法，包括引导学生向自主式和探究式学习转变和教授教学向案例式和互动式转变。

关键词：经济学教学；问题；方法创新

大学教育不应是应试教育。英国数学家、哲学家、教育家怀海特在其《教育的目的》一书中所言："大学生应该站起来，环顾四周。"[①] 也就是说，大学生应该转变学习方式，自主、能动、探究式地去学习和生活。与此同时，大学教育有其自身独特的教育规律，应该对教育的目的、方法、效果，以及究竟培养什么样的人进行反思与觉知，铭记人是教育的出发点与归宿。大学教学要充分体现人的主体性本质及其自觉自为、自动自发的积极天性，从而在教育实践中激发学生的生命活力（刘铁芳，2022）。经济学课程由于理论性较强，目前的教学与评价模式大多未能摆脱应试教育的窠臼，因此，针对经济学课程教学存在的问题，

---

[*] 宋君卿，辽宁大学经济学院，研究方向为规制经济学。
[①] ［英］怀海特. 教育的目的［M］. 庄莲平，译. 上海：文汇出版社，2012：37.

探究新的教学方法，对经济学本科人才的培养具有重要的现实意义。

一、传统经济学教学存在的主要问题

经济学是一门理论性很强的基础理论课程，是基于各种理论假设而形成的诸多经济学概念与原理，并以此揭示普遍经济规律的学科。经济学所涉及的变量关系具有很强的理论逻辑性，对学生的逻辑思维能力要求较高。同时，经济学理论抽象性强，常常用到数学模型推理，与一些应用学科相比，经济学学习对于由高中进入大学的学生来说，学习上会遇到很大的困难。因此，对于经济学课程教学方式的创新以及学生学习方式的转变都是很大的挑战。目前，经济学课程的教学在教学理念、教学方法、教学效果评价等方面主要存在以下问题。

（一）重知识概念原理讲授，轻学生思维方法训练

目前，绝大多数经济学教师在教学过程中将重点聚焦于对经济学基本概念、原理的机械讲授，而忽视整体的经济学学习方法和理论思维的训练。学生为了应对考试、拿高分，学习只盯分数，对于经济学中的大量概念，如"边际效用、边际替代率、替代效应、收入效应"等，就当作名词解释进行死记硬背，虽然考试成绩可能很高，但学生往往只是记住了这些孤立的概念性知识，并不了解每一个概念背后的逻辑前后关系，更谈不上了解知识的理论渊源、思想与时代背景，导致"只见树木，不见森林"，这种孤立的知识实际上就是一种"惰性知识"。这种教学方式和学生的学习后果，意味着学生虽然掌握了有关经济学的知识，但未能形成良好的经济学思维方法和思维习惯，难以触类旁通、举一反三，从而缺少理论联系实际、分析和解决实际经济问题的能力，更没能升华为经济学的智慧。因此，我们在教学过程中不仅要呈现经济学的"知识结论"，更重要的是培养学生分析和解决经济问题的思维方法，做到"授人以渔"。

（二）重"填鸭式"满堂灌，轻学生主动自主学习

目前传统的经济学教学，多是教师讲、学生听，学生类似一个被灌输的容器。教师认真备课，站在讲台上滔滔不绝、精雕细琢，从开课到结束不厌其烦地讲解，而学生则是恭敬认真、老实勤奋地听讲。上课记笔记、下课抄笔记、考试背笔记几乎成为学生铁打的学习模式。这种以教师为中心，始终居于主导地位，学生为客体，处于被动接受位置的教学模式，严重削弱了学生的学习主动性、积极性和创造性。现在面临的问题是，即使教师主动提供机会进行提问，请同学们发言探讨问题，学生主动举手、主动发言回答的也少之又少，更不必说师生之间的交流互动，以及就某些问题进行针对性辩论式探究了。久而久之，学生因为被动学习，缺少主动探究思考的习惯，导致思维怠惰、僵化，以致丧失了好奇心和求知欲。学生至多也只是掌握了知识点和一些结论性的经济学概念知识和原理，而对知识、原理形成背后的思想渊源和逻辑演进过程及其对实践的指导意义却不为所知，实际上就是知其然，而不知其所以然。更为严重的是，教师推荐的一些课外经济学背景文献或经典原著，也因与考试无关，少有学生肯下功夫研读学习。大学教育的理念在于，大学生不仅要成才，更要成人。正如英国教育家怀海特所言："学生是有血有肉的人，教育的目的是激发和引导他们的自我发展之路。""一所大学的理想，不是知识，而是力量。大学的职责就是把一个孩子的知识转变成为一个人的力量。"[①] 如何让学生爱上学习、主动学习、探究式学习，亟须教学创新。

（三）重理论应试"考试"，轻启发式、探究式"实践应用"

目前我国大学生经济学学习的评价方式多以期末闭卷"考试"一锤定音，以分数评定学生的学习成绩。这种完全凭成绩结果而忽视学生学习心理过程的评价方式不利于创造性人才的培养。完全以结果为导向

---

① ［英］怀海特. 教育的目的［M］. 庄莲平，译. 上海：文汇出版社，2012：37.

的教学评价方式，导致学生只是为了考试而专注于经济学理论知识的机械式记忆性掌握，却忽视了对知识的概念、原理、逻辑前提、理论适用边界、各种不同观点比较的思考与追问，进而出现高分低能的情况，即很多学生不知道如何运用所学的经济学知识去分析和解决现实经济问题。经过一学期、两学期的"考试型"强迫学习与过度机械的知识型训练，导致很多学生只局限于对经济学基础知识最低层次的"理解、记忆"，而学习的较高层次——"分析、评价和创新"却少有学生能够达到，这对国家急需的创造性人才的培养极为不利。国内学者陈伟（2022）指出，高等教育的价值和功用应从"知识"层次向"智慧"境界进行转化和提升，即应做到"转识成智"。知识的重要性在于运用，而能动的掌握即是智慧。教育应该成为打开能够发挥每个人的创造力大门的钥匙。相比之下，我国目前以考试为主导的经济学教学方法亟待改革，以解决学生"高分低能"的问题。

二、经济学课程教学方法的创新

有鉴于经济学教学中存在的上述主要问题，我们应以教育部"两性一度"，即"高阶性、创新性、挑战度"的精品课程打造要求来指导教学改革与创新。提升教学质量，紧紧围绕新时代大学生核心素养，以"学习力、创新力"的培养为目标加强课程教学改革，将教师的教法与学生的学法实现深度融合（郑文龙和欧阳光华，2022）。基于此，为了更好地激发学生学习兴趣与学习动力、刺激思维、转变态度、培养能力、掌握方法，以提升学生创造力并进行人文价值塑造，经济学教学方法亟待改革创新。简言之，要力争做到四个转变。

（一）倡导学生由被动式学习向自主学习转变

以往的经济学教学模式重教师单方面知识讲授，学生只知被动地听讲和吸收。学生的学习大多围绕考试转，为了提高考试成绩，课后基本就是对照教材做练习。这种教学和学习方式导致学生心智怠惰，缺少学习的自主性、主动性、创造性。因此，教学创新的要旨在于：第一，教师应转变教学理念，要相信学生自主学习的能动性和创造性。第二，教学设计上引导学生主动参与学习。课前要求学生自主做好预习，自主查找相关文献，了解所学知识的理论与时代背景，初步归纳出所学知识逻辑框架，对不明白的知识点做好标记，下次上课时带着问题回到教室，集中精力听老师讲解，力争解决问题。如果还未解决问题，就鼓励学生主动向老师请教，直到理解为止。当学生初步掌握基础知识点后，鼓励学生在上课过程中主动提出质疑点，与教师一起交流、探讨。课后教师布置思考题，以及课外需进一步阅读的文献，由学生自主学习，扩充阅读，查找资料，提出问题。第三，将学生的主动学习素质和表现（如课程预习、上课发言、回答问题、课外阅读、小组团队学习竞赛、自主学习参与度等）纳入课程学习成绩评价范围，在教学管理上形成激励和约束机制，激发学生的学习主动性，并以此实现学生由被动式学习向自主学习转变。

（二）倡导学生由记忆理解型学习向探究型学习方式转变

美国心理学家布卢姆（1986）对学习和知识掌握的层次进行了区分，即每一类知识的掌握都分为"记忆、理解、运用、分析、评价和创造"六个等级水平。布卢姆认为，知识的"记忆、理解"是教学最低的目标层次，对知识的"运用、分析、评价"水平高于前者，而"创造"则属于学习和运用知识的最高智育目标。与此对应，学习难度和认知能力也是从第一等级"记忆"到第六等级"创造"，难度越来越高。布卢姆提出的知识学习的认知难度原理，清晰地指明了教师教学和学生学习应该追求的目标层次和努力方向。显然，从教育部倡导的"两性一度"精品课程打造要求来看，教学方法改革与创新着力点应围绕"运用、分析、评价、创造"来进行。因此，教师应确保通过课堂的讲授与闭卷考试的方式考查"记忆、理解"层次的经济学知识，如基本概念、原理、模型等，并在此基础上进行教学方法创新。一是教师在书本知识讲授之外要求学生关注当下的国内外经济热点问题，理论联系实际，有意识培养学生的"运用、分析、评价"较高教育目标的水平，尽可能鼓励学生独立思考，学会运用经济学相关知识概念、基本原理去分析、评价，从而培养学生探究经济学各种问题的习惯，激发他们的思想潜力。二是针对最高层次的教学与学生学习"创造"层次的目标，要求学生阅读课外经典特别是有启发的经济学经典著作，如通过阅读哈耶克的《通往奴役之路》来深刻理解为何市场经济才能赢得经济与社会的繁荣。此外，指导学生根据本学期所学习的经济学理论撰写专题论文，并将其作为课程成绩的一部分。对特别有研究潜质的学生，鼓励学生参与教师科研项目，合作发表学术论文，在学生保研时加分。通过以上一系列教学创新与管理机制，促使学生由低层次"记忆、理解"型学习向"运用、分析、评价、创造"探究型高层次学习方向转变。

（三）教学由抽象的理论讲授向案例教学转变

传统经济学教学重基本概念、原理、理论逻辑，导致经济学理论极为抽象，很多学生学习困难，并滋生畏难厌学情绪。如何激发学生学习经济学的兴趣和动力是每位教师面临的挑战。教育心理学家加涅在其《教学设计原理》一书中指出，教学要注重知识的"社会文化情境"，要将孤立的知识"情境化"，并赋予其"意义"。学习实际上就是对所学知识进行"意义建构"的过程。反之，学生所学的知识就是"惰性知识"。长时期的"惰性知识"学习，势必会挫伤学生的学习积极性。因此，要创新经济学教学方法，设法将抽象的理论转变成形象生动的案例来帮助学生学习经济学知识。我们既可以选取现实热点经济问题，也可以选取经典经济学案例导入教学之中。案例的导入主要分为以下几种：一是嵌入式案例教学。在讲授概念、原理的过程中，可以穿插一些实际案例，引导学生思考，使抽象的理论具象化，使案例与理论相互印证。例如，著名的科斯定理便可以通过一个简单的"牛群到毗邻的农田里吃谷"的故事来阐述，外部性原理可以通过"蜜蜂与果园"的例子来阐述，公共物品则可以通过"灯塔"的故事来阐述。二是运用启发式案例教学。将自编案例或他人编著案例发给同学们后，通过案例背景介绍、蕴含冲突情节的案例描述、提出思考题，先请同学们根据自己所学的经济学理论知识进行分析、评价，然后由教师进行点评和总结。通过这样的案例教学，重在启发学生学会思考经济学问题的方式方法。

案例的具体教学方法上也应创新。具体而言，可以导入"SCQA"教学法。S（situation）代表知识场景，即教师在讲任何经济学知识点时务必不要"开门见山"，而应先介绍所要讲授知识点的时代和理论背景，给学生的学习形成"带入感"，产生悬念。C（complication）代表理论的冲突或矛盾，即教师在讲授某一经济学知识或原理前，在学生了解了"背景知识"后，提出理论的"科学问题"。这个理论问题一定要有内在的"悖论与冲突"，从而形成理论的"张力"。这种理论逻辑、思想、情绪上的"张力"势必会激发学生的好奇心、探究事物的内心冲动，从而激发学生的学习动力。Q（question）代表疑惑、发问，即针对问题，我们应如何解决。引导学生养成思考和解决问题的意识与思维习惯。A（answer）代表解答或答案，即回到所要讲授的经济学课程的知识点上，帮助学生授业解惑，对案例进行详细的剖析。运用这样的教学方法，能很好地活跃课堂气氛，提升教学效果。

（四）教学方式由教师单一讲授式向互动研讨式方向转变

以往的经济学课程教学主要由教师主导，通过课堂讲授完成教学任务，较少进行师生互动。这种教学方式极易枯燥乏味，学生也不喜欢。对其进行教学创新的具体措施为：安排专题讨论课，每次上课前，根据教师布置的经济学相关的题目任务，学生课后运用各种形式，自己查找文献、收集素材，做成专题报告，制作PPT，并在课堂作报告。报告结束，先由学生向报告人自由提问，报告人回答所提出的问题，再进行讨论、争辩，最后由教师点评、总结。这种互动式的教学方式不仅能够促使学生积极运用自身所学经济学知识分析和解决问题，还可使学生获得长足的进步。此外，要充分运用计算机软件，如在知识的系统掌握方面，推荐学生下载"思维导图"等学习软件，并建议他们在学完每一章经济学内容后，自己亲手实践运用思维导图软件，并将经济学知识点和内在逻辑呈现出来。还可运用多媒体教学设备，通过图像、声音、视频、动画等作为经济学课程讲授的辅助手段，将学生带进形象、生动的教学情境之中，从而激发学生的学习兴趣，寓教于乐。

参考文献：

［1］布卢姆．教育目标分类学［M］．罗黎辉，等译．上海：华东师范大学出版社，1986.

［2］陈伟．转识成智：中国高等教育研究的学术使命［J］．高教探索，2022（3）：7.

［3］贾根良．我国应该加强西方政治经济学的教学与研究［J］．政治经济学评论，2017，8（1）：38－57.

［4］康艺馨．新文科建设背景下高校文科专业实践教学质量提升路径研究——以地方高校经济学专业为例［J］．河南工业大学学报（社会科学版），2020，36（1）：89－93.

［5］刘铁芳．教育走向人本：当代中国教育自觉的回顾与反思［J］．南京师大学报：社会科学版，2022（1）.

［6］神军，詹朝曦，肖争鸣，等．混合式教学环境下师生互动对学生学习能力的影响——以工程经济学课程教学为实证［J］．大学教育，2020（5）：46－49.

［7］吴健．基于案例的参与式研讨教学法——结合"资源与环境经济学"教学的思考［J］．中国大学教学，2020（9）：38－42.

［8］郑文龙，欧阳光华．高等教育高质量发展：内涵、挑战与路径［J］．现代教育管理，2022（6）：8.

［9］朱建安，谭岚，周自明．基于课程群视角的应用型高校经济学教学改革［J］．中国高教研究，2012（12）：99－102.

本科毕业论文质量提升

——从"短期任务"到"系统工程"[*]

王姝[**]

摘 要：本科毕业论文是大学四年学习过程中一项非常重要的综合实践性课程，是学生结合自己所学去解决现实问题、在实践中培养创新能力的重要途径。本文以辽宁大学经济学专业为例，从课程体系互动、评价体系设计、科研氛围营造、指导教师引领、教育管理配合等方面探讨提升本科毕业论文质量的可行方案，以期降低毕业论文在理论性、技术性、逻辑性、创新性等方面的不足，将提升本科毕业论文质量这一系统工程建设于学生教育成长的每一步中。

关键词：经济学专业；毕业论文质量；系统工程

一、引言

毕业论文写作作为本科教学中培养学生分析和解决问题能力的重要

---

[*] 本文系辽宁大学本科教学改革研究项目（JG2022ZSWT005）"经济学类专业本科毕业论文质量提升问题研究"的阶段性成果。

[**] 王姝，辽宁大学经济学院，研究方向为制度经济学。

环节之一，既是对学生以往四年所学专业知识的深度总结，也是考查学生对已有知识的消化应用以及创新升华能力的重要手段，是高校本科教育质量的重要评价内容，对于毕业生本人来说是衡量其本科阶段学习产出的直接指标。经济学专业在众多管理类专业中更偏重于理论培养，其本科毕业生中有相当比例会选择继续深造，自然未来将面临更严格的科研标准。学生如果能够利用本科毕业论文的撰写过程对自己进行一次严格的科研训练，发掘出自身的科研兴趣，那么将为未来读研或就业打下一个很好的科研基础。

二、本科毕业论文中出现频率较高的共性问题

本科毕业论文选题普遍采用导师给出选题方向由学生自选的方式，而且毕业论文启动通常安排在大四上学期结束。在毕业前这段时间，学生们还要面临考研复试、调剂、找工作等众多任务，留给毕业论文的时间精力很有限，容易产生应付心态，使得论文研究方向、题目相近，抄袭度高等问题较多，影响本科教育质量评估，从另一角度看这也容易浪费优秀本科生丰富的创造力和创新性。近些年我校在本科毕业论文质量管理上下大力气，对于重复率的严格审核在一定程度上提升了学生对毕业论文的重视，对于经济学专业学生在毕业论文中使用计量工具的鼓励和引导也使得我们在经济学专业的毕业答辩中发现了越来越多优秀的毕业论文。但从毕业论文整体情况来看，依然还存在一些问题。

（一）缺乏理论基础和理论高度

相当一部分论文能够按照提出问题—分析问题—解决问题的线索展开，但对实际问题的描述、分析和应对过程中没有理论提炼，在论文中鲜少甚至没有出现理论基础的阐述。说明对所研究问题还停留在表象认知或技术层面，无法溯源至自己所学的经济理论层面展开分析，对理论的解读和运用能力还很有限，使得整篇论文缺少了理论根基和视角。

（二）模型的理解不够充分，导致应用无法达到理想效果

近几年的本科毕业论文答辩中，我们发现越来越多的学生选择了使用经济学分析工具分析、解决现实经济问题，还会出现为数不多的将计量模型、博弈论等方法很好地应用于经济问题分析的优秀论文。但也依然有相当一部分论文对所使用的计量模型缺少解读，或者解释敷衍，有的细节之处甚至存在错误，可想而知由此获得的实证分析结论必将"失之毫厘，谬以千里"。

（三）实证分析的结论部分存在"为赋新词强说愁"的牵强现象

一篇经济学论文，通过建模、引入数据、实证分析后，还有很关键的一环是对实证分析归纳结论，这也是技术运用与现实解读相衔接的重要环节。在毕业论文的审阅与答辩过程中，还有一个比较常见的问题会出现在实证分析结论部分。例如，有些论文会由 A = > B 便作出"B 会引致 A"之类的牵强解读，再或者是对实证结果的一些"想当然式"的现实解释，这都极大降低了论文的合理性和说服力。

（四）论文整体的逻辑不够严密甚至不合理，前后缺乏连贯性

从论文整体布局来看，一些逻辑性的问题还是会时有出现。例如，论文所提出或主要分析的问题与现状分析部分没有太大的关联度；部分研究结论不是来自实证分析结果，而是作者独立作出或根据现状分析简单得出；一些意见与建议与论文伊始部分的现状分析以及提出的问题呼应不上，主观性很强；还有个别论文存在表述不畅、词不达意的现象。总的来说，论文各部分的逻辑性有待加强。

（五）缺乏创新性

创新性是在规范性的基础上对本科毕业论文的更高要求，经济学专

业的最大特点是研究对象的广泛性，它的外延可扩大至应用经济学基本理论研究人类行为的学科，那么其选题自然也应是很开阔灵活的。从目前我们的论文选题中看，新颖、创意的思路还是凤毛麟角，更多的是一年年累积下来相似、重复的方向，虽然使用了规范的分析方法，但有的是对国家新政的附加技术分析的解说，有的是对以往成果"拾人牙慧"式的再解读。

三、将本科毕业论文质量提升从"短期任务"变成一项"长期工程"

纵观以上的问题，一个很明显的特点是毕业论文的技术性、理论高度、逻辑性和创新性之间难以实现和谐的统一，造成论文整体感受的生硬、不成熟和无趣，这可能是相当一批经济类本科毕业论文的通病。笔者认为，除了从毕业论文写作周期短、学生准备论文的精力有限方面解决问题以外，也可以在其他方面做一些尝试性探索，力争将毕业论文的写作从一项"短期任务"变成一个自低年级就开始奠定基础的"系统工程"，以期在不影响总体教学计划的前提下进一步提升本科毕业论文质量，努力使本专业本科毕业论文达到理论完善、技术规范、论证合理、逻辑严密等标准。

（一）教学体系内的课程互动

目前，计量经济学课程的讲授在我国高校的经济管理学科相关专业中已经有20多年的历史，为毕业生在论文写作中奠定了良好的理论建模基础，其重要程度也早已被学界所共识。从本专业的课程体系构建来看，该门课程同高等数学类、"统计学原理""社会调查与实践"等必修课程，以及"统计分析软件""运筹学""数理经济学""时间按序列分析""多元统计分析""中级数理统计"等选修课程已构成一个相互影响、相互关联的课程体系，有助于学生全面从数据收集、数据分析和筛选、模型设定、模型检验以及模型应用来体验建模的全过程，并促进他们在学习过程中积极思考和模拟将此过程应用于毕业论文写作之中的种种可行方案，从而更加重视对相关课程的学习。为加强毕业论文质量，在2019年的人才培养方案中我们又增设了30学时的"计量经济专题实验"的选修课程，努力使学生能够在原有"计量经济学"课程的基础上结合案例了解并使用计量经济学软件，分析和解决实际经济问题，这又是向前迈进的重要一步。还要注意的是，要保证该课程实操训练的充分有效和学生们的"应选尽选"，提升该门课程对课程体系内其他课程的强化和巩固作用，打牢毕业论文中核心部分的技术基础。

毕业论文除了技术的要求，还要利用所应用领域的专业知识做后盾。经济学科涵盖广、应用性强，本科期间需要做很多专业课程的储备。"西方经济学""政治经济学""金融学""财政学""国际经济""当代中国经济""产业经济学""外国经济史""外国经济思想史""中国经济史"及其相关的前沿主题类课程的学习过程贯穿大一至大三，是学生专业素养的孕育期。如果专业课教师能够在讲授过程中注入启发式教学理念，增加课堂互动，利用社会科学的学科性质充分发挥课堂教学结合社会现实问题的优势，引导学生开展理论运用于实际的思维活动，训练研究式自主学习，则必将提升学生的创新性思维能力，有助于其在此过程中萌生出毕业论文选题的些许思路。与此同时，根据课程性质适时结合、引入计量建模的例子，逐渐将实证思维植入学生脑海，在专业课程结束时，一些善于思索的学生可能会形成一个毕业论文的模糊轮廓。

另外，现已开设的"经济学文献检索""经济学论文写作"等方法类课程可以帮助学生厘清写作过程中的头绪。

从本专业课程体系的设置来看，已经比较充实全面，还须兼顾体系内的课程互动，可实现互相促进、"1+1>2"的效果（见图1）。

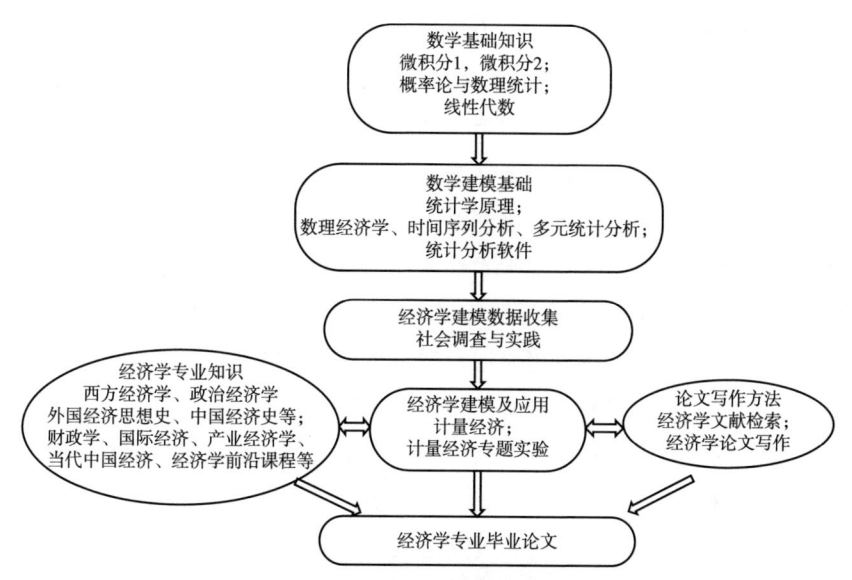

```
                    数学基础知识
                    微积分1，微积分2；
                    概率论与数理统计；
                       线性代数
                          ↓
                     数学建模基础
                      统计学原理；
              数理经济学、时间序列分析、多元统计分析；
                      统计分析软件
                          ↓
                   经济学建模数据收集
                     社会调查与实践
                          ↓
经济学专业知识                                    论文写作方法
西方经济学、政治经济学          经济学建模及应用        经济学文献检索；
外国经济思想史、中国经济史等；  ←   计量经济       →    经济学论文写作
财政学、国际经济、产业经济、      计量经济专题实验
当代中国经济、经济学前沿课程等
                          ↓
                    经济学专业毕业论文
```

图1　经济学专业本科生毕业论文相关课程体系互动板块

（二）评价体系的改革要注重实效

以往对大学生学习好坏的评价标准就是一份份闭卷考试的成绩，当下推行的教考分离改革的目的就是打破这个唯一的标准，全面提升学生的综合能力，但想真正贯彻教改精神、切实实现目标，则还需高校、教师的共同配合和进一步努力。例如，试卷中是否会设置、增加学生运用知识分析、解决问题能力的考题；案例分析、开放式论述是否会因为分数难以采集而被放弃；平时成绩中是否有一定比例来体现课堂问答互动效果；撰写科研小论文、调研报告的考核模式是否能让学生收到评语反馈等。

要让评价体系真正实现提升专业知识及综合能力的引导与激励作用，而不是一种流于形式的过场，巩固教学过程累积的成果，努力使提升毕业论文质量这项任务得到专业知识学习过程的助力。

（三）科研视野的开拓与科研意识的培养

应用经济学是我校唯一入围国家"双一流"建设的学科，是学校

凝心聚力发展的重要方向。作为我校经济学本科人才培养亮点的"经济学基地班",其保送研究生的比率高达50%,加上选择出国申请制和考取研究生的学生数量,将有相当大一部分经济学专业本科毕业生会继续深造,他们之中的一些人还会在进一步学习过程中走上科研之路,那么在低年级就为其创造条件、培养科研意识、开拓科研视野便具有一定的必要性。线上参与国内重要学术会议、到访学术大咖的专题报告、汇报分享科研新锐的研究成果等都应尽可能地创造条件帮助学生们参与其中。另外,学院、系所也可以通过举办小型学术沙龙、经典中外文献研讨等活动让学生们与专业老师、学长多多互动。

目前,我院正在不断探索增进师生学术互动的新模式,主办、承办的学术活动日益丰富。"读书分享会""线上书院"主题活动周、"经济学前沿大讲堂""经济学学术研究与发展系列讲座""经济学部学术工作坊""宋则行名家大讲堂"陆续上线,逐渐形成健康学术氛围的良性循环。在此过程中,本科生积极性的调动是一个值得关注的问题,激发科研兴趣,为学生提供更多可以参与互动的机会可能需要主办方付出更多的心思。

只有真实接触过本专业领域多样的科学研究活动才能打开视野,看到更多专业内可以涉猎的领域,在最后不足一年的毕业论文写作周期里不囿于检索而来的固有观点;只有更进一步地了解科研过程及其严谨性、逻辑性等标准,才能不生搬硬套已成定论的模式,不下主观臆断的结论;只有感受过学术的魅力,才能发掘出自己的兴趣所在,让兴趣成为"最好的老师",探索更多未知的领域。

(四) 指导教师的科研引领

论文指导教师的引导力自然是本科生毕业论文质量的关键。科研能够提升本科毕业论文的质量,如何引领学生将科研引入、融合到毕业论文中去,一直是毕业论文管理和实践的一个难点。许多老师会选择让自己的硕士生、博士生辅助完成科研工作,本科生很少有机会参与指导老师的科研项目,而科研之路中则只有"干中学"才是上手的最佳途径。

经济学专业的本科生通常在大二上学期结束时就分配了指导老师，此时大部分学生可能没有明确的专业兴趣领域，指导教师可以根据自己的研究方向、熟悉领域设立出一个较大的课题，并根据所带学生自身的能力和兴趣将课题分配成若干个任务，也可将本科生整合到所带的硕士生小组中，参与团队分工，共同合作完成。在此过程中，应提前将难点、关键点及相似的研究方法统一对学生做以交代，跟踪课题的发展情况并及时在联络群里向学生们通报，定期总结讨论并给出指导意见。本科阶段也许不能完成太多科研工作，但这种团队训练熏陶可以帮助学生们在完成任务的过程中上手接触文献检索、模型选用、数据收集等工作，为大四的毕业论文写作预热。

毕业论文写作周期开始前，如果学生的兴趣方向与指导老师的专业领域不同，也应该支持调换导师或采取协同指导的方式进行导师之间的合作，实现优势互补。从定制适合学生能力的选题方案到方案改进、写作架构、实证操作、内容细节等方面，指导教师都应进行跟踪把控，适时纠偏，帮助学生剔除理论、技术、逻辑等方面的不合理之处，在保证"合理性和规范性"的前提下尽可能提升论文的质量。

另外，指导教师在开题之初，还应该将学生可能容易出现的共同错误提示给本组学生，以节省时间。再者，由于本科期间学生可能疏于对文字表述的训练，因此论文中的表述逻辑及格式等细节问题也可先发布一份规范论文及格式指南以供本组学生参考。

（五）学生自身的努力与教育管理等相关环节的共同配合

辅导员应配合专业教师尽早对学生进行宣传教育，让学生本人端正认识，把毕业论文的写作过程当作一次开阔视野、拓展知识面、强化专业技能的机会，积极把握这个难得的科研经历，多付出一些辛苦，努力提高自身的创新意识和知识、技术运用能力。

毕业论文的管理部门要制定严格的评审及答辩标准并切实贯彻，严把本科毕业论文的质量关。毕业生就业相关部门也可以尝试将毕业论文的质量作为向用人单位推荐优秀毕业生的重要参照，反向激励学生产出优秀的毕业论文。

  本科毕业论文作为大学四年学习的深度总结和学生自身综合能力的展示，本不应该是一项"短期任务"，学校应从本科课程体系互动、评价体系设计、科研氛围营造、指导教师引领、教育管理辅助环节配合等方面下大力气，努力使本科毕业论文变成一项自入学之初就已启动的"系统工程"。

参考文献：

  [1] 艾晶．基于课程实践的社会学小组活动教学模式探讨［J］．辽宁广播电视大学学报，2021（2）：71-74．

  [2] 李鸣铎，曾凯，汪金花，等．多学科交叉毕业设计模式研究［J］．华北理工大学学报（社会科学版），2021（1）：102-105．

  [3] 连宇新，严庆，杨荣华，等．工程管理专业毕业设计现状研究及模式探索：以厦门理工学院为例［J］．科技风，2021（2）：23-24．

  [4] 刘从虎，文星，陈国华，等．科研项目对应用型本科毕业设计（论文）的引导模式研究［J］．常熟理工学院学报（自然科学），2021（5）：120-124．

  [5] 刘晓红．基于OBE理念的地方高校经济学专业本科毕业论文写作初探［J］．教育时空，2019（36）：137-138．

  [6] 王芹，田杰，张新丽．计量经济学课程与经济学专业实践环节耦合关系研究［J］．教育教学论坛，2019（40）：183-184．

  [7] 张翠侠．科研组会融入大学生毕业设计管理的探索［J］．黑河学院学报，2021（8）：87-88．

"区块链+"高等教育生态建构的机制、困境与对策[*]

丁义文　赵德起　付云鹏[**]

摘　要：推动教育教学数字化转型，建构"区块链+"高等教育新生态是当前高校改革发展的新趋势。区块链以其分布式账本、非对称加密和授权技术、共识机制、智能合约的显著优势赋能高等教育，重构教育生态价值，更好服务新时代区域和国家重大发展战略、满足新发展阶段教育产业发展需要和个性化教育教学新需求。然而，"区块链+"高等教育生态建构面临着推广难、配套弱、技术不成熟的困境，应强化认识、协同共享、审慎推进，深入应用区块链技术，充分发挥数据作为新型生产要素的作用，持续推动高等教育数字化转型，实现教育高质量发展。

关键词：区块链；高等教育；教育生态建构

---

[*] 基金项目：2020年度辽宁大学本科教学改革研究项目（真实问题专项），"'区块链+'高等教育生态重构及教育治理能力提升的研究与实践"，项目编号：JG2020ZSWT001；2020年度辽宁大学本科教学改革研究项目（一般项目），"'十四五'期间全面推进国民经济管理国家一流专业建设研究"，项目编号：JG2020YBXM133。

[**] 丁义文、赵德起、付云鹏，辽宁大学经济学院、辽宁大学亚奥商学院、辽宁大学经济学院，研究方向为国民经济学与统计学。

一、引言

2008年，随着中本聪（Satoshi Nakamoto）《比特币：一种点对点网络中的电子现金》一文的发表，采用区块链技术创造的数字加密货币比特币在全球范围内引起轰动，"区块链"这一概念映入大众视野，区块链技术也作为一种新兴数字技术开始被更广泛地应用到诸如物流、金融、医疗等领域，并逐步向高等教育领域渗透，成为教育工作者关注的焦点。区块链系统具有透明可视、数据不可篡改等特性，在学生升学就业、学术评价、资质证明、征信管理、产学合作等方面非常适用，有助于教育就业的可持续发展。[①] 将区块链技术应用到高等教育领域是顺应时代的产物，也是国际共识。深入探究区块链对高等教育的赋能效应，提出有针对性、实操性、前瞻性的应用建议，对于科技创新驱动下高等教育生态重构、教育治理体系与治理能力现代化水平的提升、推进高等教育高质量发展具有重要意义。

二、文献综述

（一）区块链的内涵与特征

学者们给予区块链（blockchain）一个普遍意义上的概念，认为区块链是一种基于对等分布式分类账的数据编辑与存储的底层技术（高岩松，2020）。它不同于硬盘、大型数据存储中心、云等中心化数据存储方式，而是一种构建在点对点网络上的全新的分布式基础架构与计算范

[①] 工信部.2016中国区块链技术和应用发展白皮书［R/OL］. http：//www.199it.com/archives/526865.html.2016-10-18/2021-09-02.

式，利用块链式数据结构来验证并存储数据、利用分布式节点共识算法来生成和更新数据、利用密码学的方式保证数据传输和访问的安全、利用由自动化脚本代码组成的智能合约来编程和操作数据（杜华，2017；周继平等，2019）。简言之，是将加密后的数据以区块（block）的形式进行存储，并以加盖时间戳的方式组成新的结构链（chain），由全员参与记账的分布式数据库（Nakamoto，2008；周美云和关成刚，2020）。区块链有别于传统存储和交易方式，具有去中心化、时序数据、集体维护、高度透明、去信任、可编程性、匿名性等重要特征（丁宝根等，2019；史强，2018），具备共识机制、数据存储、网络协议、加密算法、隐私保护、智能合约等核心技术优势，可以较低成本和风险实现跨部门、跨区域的信息协同与资源共享（许振宇等，2019）。

（二）区块链与高等教育关联研究

截至目前，区块链技术发展经历了"比特币"阶段、"超级账本"阶段和"以太坊"阶段。在初始阶段，鲜有人关注区块链技术在教育领域的应用问题。而在后两个阶段，区块链技术在教育领域的应用价值得以显现，学界对其关注热度逐渐高涨，出现了一些理论研究和应用探索。

在理论研究方面，学者们指出，"区块链+"高等教育就是借助计算机与通信技术、区块链服务平台，将新一代信息技术的创新成果与高等教育深度融合，实现高等教育领域颠覆性变革进而形成的一种新生态（周继平等，2019；Nakamoto，2008）。区块链技术的应用可对教育的体制、应用、数据、交易四大层面进行优化升级（贾晓波，2019）。具体来说，在教育体制层面，能够构建一套去中心化的职能管理教育体系，完善高等教育管理，并有效提升教育质量与效果；在教育过程应用层面，能够打造完善的教育资源系统、学习系统与管理系统，提高教育资源利用率，并保证整个教育系统高效运行；在数据信息处理层面，能够对学生的学业信息进行收集、存储及共享等（翟海燕，2019）；在教育资源交易层面，能够构建虚拟空间的教育产品与服务智能交易平台，通过教育契约实现学习者、教师及教育机构之间点对点自动化交易，降低交易成本。

在应用探索方面，学者们认为，可以将区块链技术作为底层技术，构建集"学历证书认证平台、学习学分银行平台、高校综合管理系统、教育资源版权保护、创业资金众筹平台等"（高岩松，2020）于一体的开放教育资源分布式管理平台（李新和杨现民，2018），与以人为本的教育生态系统的三个价值主体，包括教育者、学习者和由雇主、公共服务机构、其他社会机构等构成的其他相关主体发生相互作用（Wang，2019），形成区块链技术在高等教育数字主权维护、协作学习构建、培养体系定制、成长记录保存、终身学习实施、证书防伪验证、资助模式升级、管理体系优化等多个方面的应用（张浩和孙发勤，2020），打破传统高等教育模式，推动"区块链+"高等教育新生态成为现实，为社会公众提供智慧、便捷、优质的高等教育公共服务。还有学者放眼国际，从区块链技术教学、平台建设和校园传播三大视角，论述了欧美国家"区块链+教育"的发展状况（许涛，2017），提出以区块链为底层技术构建全球高等教育学分平台等（Turkanović et al.，2018）。

从以上研究可以看出，学者们普遍认为区块链技术的应用能够破解当前教育领域面临的诸多问题，实现高等教育质的飞跃，并有望推动"区块链+"高等教育全新生态系统的建构。目前区块链技术在高等教育领域的应用主要集中在记录存储、管理验证和资源共享层面。学者们的研究具有极大借鉴意义，但不可否认，国内针对区块链技术发展与高等教育领域应用的问题研究较少，仍处于初步探索阶段，相关理论尚不成熟，留有较大的研究空白。基于此，本文尝试揭示区块链技术在教育领域的应用场景，厘清区块链技术与高等教育生态的关联机制，分析技术嵌入存在的现实困境，并进一步探究可行性解决方案与未来发展方向，以期为构建"区块链+"高等教育良性生态系统提供理论借鉴和实际参考。

三、"区块链+"高等教育生态机制分析

（一）区块链在高等教育领域的现实应用场景

伴随着第四次科技革命在全球范围的悄然发生，国内外少数政府、企业及高校已经进行了区块链技术在高等教育领域的探索与实践，其中不乏典型案例。

国外实践方面，肯尼亚信息、交流和技术部和IBM公司合作建立教务管理系统，助力学校和其他教育机构在区块链云端网络中发行学历证书，避免学历学位造假；索尼全球教育公司以区块链技术基础设施为依托开发了能够实现开放式、安全的学术水平与进步记录的共享技术；美国麻省理工学院应用区块链技术颁发数字证书，帮助毕业生轻松访问并验证其获得的文凭；美国霍博顿软件工程学院计划和比特认证公司展开合作，同样也是将区块链技术应用于学习认证和共享学历证书信息，并发行数字徽章；塞浦路斯尼科西亚大学开设了数字货币理学硕士学位，运用区块链技术追踪、记录、认证学习者的学习过程和结果；英国开放大学通过组合"微认证"（micro-credentials）帮助学习者组合认证从不同教育机构获得的学分或研究成果，获得学历学位证书；伍尔弗汉普顿大学将整体的管理模式搭建在区块链之上，将智能合约运用于监管合同、学费支付、薪酬支付，实现师生考勤情况、课程进程等记录"上链"；澳大利亚墨尔本大学建设区块链学生档案项目，方便用人单位查验学生资质信息；荷兰代尔夫特理工大学、瑞士苏黎世联邦理工学院、澳大利亚国立大学、澳大利亚昆士兰大学、加拿大英属哥伦比亚大学、美国波士顿大学达成协议，试行设置学分互认体系，并探索创立联盟，使每所大学在线课程均能获得合作机构正式认证（全立新等，2018）。

国内实践方面，中央财经大学率先发起校园区块链项目，与联合世纪互联公司、微软公司合作构建信用链条，翔实记录学生相关证明文

件；清华大学（计算机系）联合北京阿尔山金融科技有限公司成立区块链技术联合研究中心；郑州大学启用基于区块链技术搭建的人才培养全过程管理平台——"厚山链"；阳光学院联合台湾高雄科技大学和台湾阳光区块链科技股份有限公司开发以区块链技术为核心的数字毕业证书系统，并在国内率先发布数字毕业证书；网班教育发起并运营的一个基于区块链技术的教育培训联盟"EDC教育链"，成为区块链技术在教育培训领域的率先落地应用，该应用通过分布式记账机制和教育学分令牌认证机制（token），客观记录学习者在不同教育培训机构的学习过程；国家开放大学运用区块链等新技术建设的职业教育国家学分银行信息平台和职业技能等级证书信息管理服务平台投入使用，为全国31个省份教育行政部门和新疆生产建设兵团教育局、1828所院校、14家培训评价组织建立了业务管理账号；江西软件职业技术大学积极探索产学合作，成立区块链学院，开设"区块链技术"本科专业，并在软件工程、信息安全与管理、电子商务三个专业开设了区块链方向。

总的来说，当前区块链技术在高等教育领域的渗透主要体现在区块链研究与传播、区块链教学与区块链人才培育、区块链教育教学管理系统建设与应用等方面，具体场景应用集中于学习者学习过程的追踪和记录、学历证书的查询和认证、跨校间学分互认、档案管理和审核、教学资源共享等。实践证明，区块链技术能够实现数据的可视化、共享化管理，可以有效解决教育教学和行政管理过程中数据被篡改、可信性受质疑的问题，提升数据纪实性、安全性、可审计性，减少记录、存储、审核流程及成本，提升教育教学和行政管理效率和信度。

（二）"区块链+"高等教育生态的运行机制

1. "区块链+"高等教育生态的驱动因素

将区块链技术应用于教育领域，推动实现高等教育生态重构，实现教育质量优化升级源于多重驱动因素。

"区块链+"高等教育生态建构是新时代国家战略发展需求。科教兴国战略、创新驱动发展战略、人才强国战略等重大战略中早已明确了科技创新与教育强国的战略意义，构建数字中国、推动高质量发展的现实需求凸显出以数字技术加速教育高质量发展的应用价值。习近平总书记就此做出了重要论述："构建网络化、数字化、个性化、终身化的教育体系。"① 党的十九大报告明确指出，加快学习型社会建设，充分发挥互联网功能，拓宽学习渠道，创造人人皆学、处处能学、时时可学的环境。习近平总书记在十九届中央政治局第二次集体学习时提到："要运用大数据促进保障和改善民生……推进'互联网+教育'"②；在十九届中央政治局第十八次集体学习时再次强调："要探索'区块链+'在民生领域的运用，提升人民群众生活质量。"③ 此外，2018年，教育部印发的《教育信息化2.0行动计划》提出区块链等技术将深刻改变人才需求和教育形态，并就基于区块链技术建设高校智能学习体系做出部署。教育部2022年工作要点强调，要实施教育数字化战略行动，积极发展"互联网+教育"，加快推进教育数字转型和智能升级。高等教育作为人力资源供给、科学研究和社会服务的重要阵地，注定要不断优化自身生态结构，以区块链等新一代信息技术为依托加快数字化转型，驱动教育教学高质量发展，更好服务区域、国家经济社会发展重大战略需求。

"区块链+"高等教育生态建构是新发展阶段教育产业的发展需要。数字经济时代奔腾而至，各行各业都在经历数字化转型与创新。以5G为核心的高速移动互联网将强力驱动传统教育业态重构，区块链、虚拟现实、大数据、4K/8K等信息技术应用将持续催生新模式新业态。特别是经历新冠疫情大考，整个社会网络化、数字化、智能化、虚拟化进程加快（廖祥忠，2020），我国高等教育必须贯彻新发展理念，以质量和效益为根本追求；必须营建新发展格局，以"未来教育、智慧教

---

① 中共中央宣传部．习近平总书记系列重要讲话读本（2016年版）[M]．北京：学习出版社、人民出版社，2016：216．

② 中共中央党史和文献研究院．习近平关于网络强国论述摘编[M]．北京：中央文献出版社，2021：22-23．

③ 中共中央党史和文献研究院．习近平关于网络强国论述摘编[M]．北京：中央文献出版社，2021：27．

育、一流教育、共享教育"跨越式发展为目标导向；必须完善和优化大学治理结构，以教育治理体系和治理能力现代化为紧迫任务，不断推进现代信息技术与教育产业的深度融合。高等教育产业的数字化转型在很大程度上推动了高校、科研院所与现代信息技术企业的产学研用一体化协作，为高校的内涵式发展、企业的创新性发展、科研教学的协同发展创造空间。

"区块链+"高等教育生态建构是需求升级的必然产物。教育本身是一个非常复杂的供应链体系，课程资源、科研成果、人才等作为高等教育产业的"主要产品"具有广阔的需求市场。伴随信息化水平的提升，人们对于高等教育的期待也越来越高，优质化、国际化、普惠性、便捷性、多样性成为受教育者的多重追求，跨越时空限制、满足个性需求、实现终生教育成为现代高等教育的基本特征，利用现代信息技术手段重构教育生态、实现教育资源最优配置是诸多需求升级的必然结果。

2."区块链+"高等教育生态的互动机制

区块链的运作机制总的来说是一个不断增长的全网总账本，它不同于传统的由中心机构统一记录和管理的记账账单，而是创建一种每笔交易都面向全网公开并由各个节点共同维护的账单（杨现民等，2017），即多维利益主体均在系统中获得访问权限，通过共同创建一个庞大的数据库，实现主体们能够在任何地方、任何时间完成高效管理、按需交易、快速验证，形成一种自信任关系，从而保障在没有第三方监管的情况下数据信息同样真实可信。区块链技术嵌入后的高等教育将发生结构性的重大变革，从传统的教与学两位主体转化为受教育者及家庭、高等院校、科研机构、用人单位、政府部门、社会监督等一切利益相关主体全员参与，共同建构高等教育新生态，主体参与性、互动性大幅提升。"区块链+"高等教育生态从本质上来说，是以区块链技术为依托，全员参与建构高等教育数据库，进而逐步实现高等教育民主化、高效化、智慧化的动态过程。相关利益主体既是区块链技术的接收者、使用者，也是其研究者和传播者。

高等教育全过程的数据信息，如学生的学习档案、获奖纪录等，均可以按时间顺序生成并被记录，形成由区块头和区块主体构成的数据区块。其中，区块头负责各区块的连接功能，区块主体负责数据信息的存储功能，当区块和链形成时系统会自动为数据信息打上时间戳。各利益相关者相当于主网中的各区块节点的交易记账者，每一个区块节点都拥有全链的交易数据，具有高度自治的特征（见图1）。这种开放式、扁平化、平等性的系统结构具备四大技术优势，可以应用在高等教育中的多种场景。

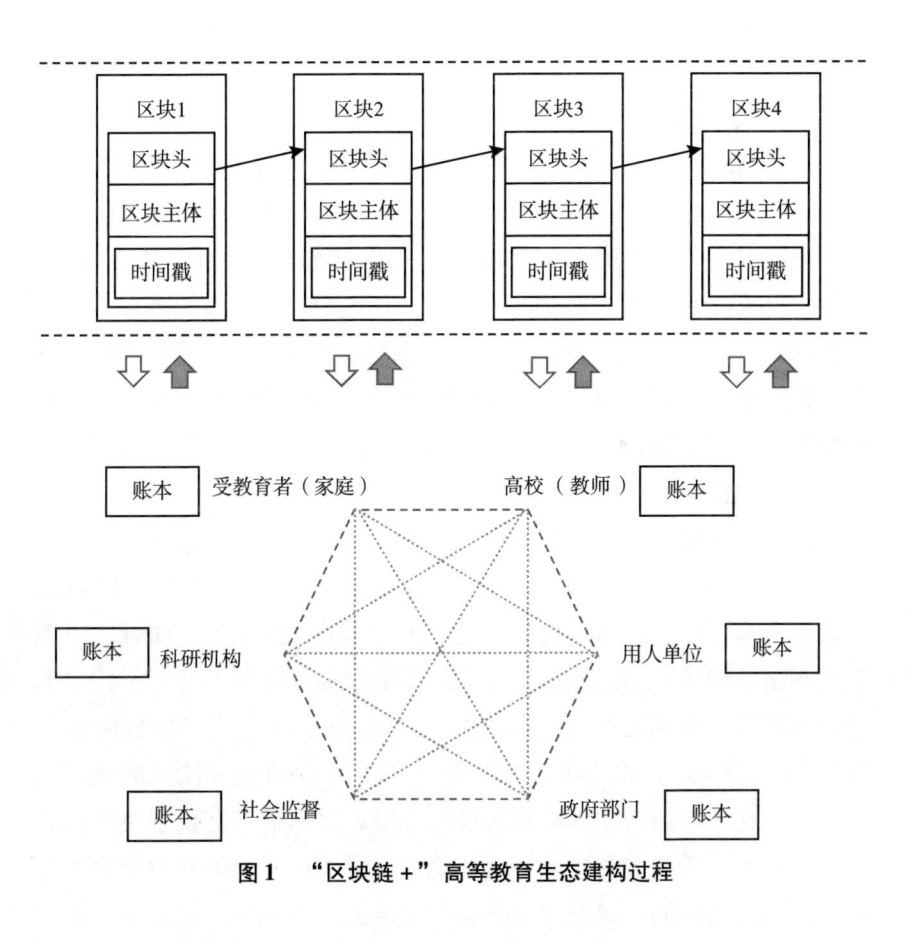

图1 "区块链+"高等教育生态建构过程

第一，分布式账本。教育者、学习者、用人单位等一切利益相关主体都是交易记账者，即相关数据信息的生产者，他们触发生成分布在不同地方的区块节点，每个节点都按照块链式结构存储完整的数据，且保持一致性。例如，高校教师和管理人员可以依托区块链平台对学生的成长全过程进行存储记录，并通过链的延续了解毕业生的未来发展动态；与此同时，学生也作为记账者对自身的档案进行核对、补充和记录，并按需随时获取可供校验的相关数据作为自身评奖、求职等用途的佐证材料；用人单位可以对应聘学生的相关材料进行查验，在聘用之后持续对其进行客观的描述记录。每个节点的存储都是独立的、地位相同的，信息都是全网用户共同维护、核对并参与监督的，这就避免了单一记录存储的不完整、被篡改或者数据丢失的可能。

第二，非对称加密和授权技术。虽然区块链上存储的数据信息是公开的，但是账户身份信息是高度加密的，访问者只有在数据拥有者授权的前提下（即同时拥有公钥和私钥）方可查验，从而在很大程度上保证了数据安全和个人隐私（冯曦，2017）。例如，家长作为链上用户，获得学校授权后方可对学生的学业情况、参与活动情况等培养过程进行动态观测，给学生提出规划引导和适度督促，实现家庭教育和学校教育的互补促进。未经授权的用人单位是无权查阅学生相关档案的，学生授权给有意向就职的企事业单位后，该单位便可对其提供的证明材料进行链上的信任验证（见图2）。

第三，共识机制。区块链有"PoW工作量证明、PoS权益证明、DPoS委托股权证明、PBFT实用拜占庭容错、dBFT授权拜占庭容错、Pool验证池"等多种共识机制，适用于不同的应用场景，如可应用于学信档案的记录和知识产权的保护。链上数据资源的创造、上传、下载随时可查，所有记账节点达成共识，相当于兑现了"少数服从多数""人人平等"，才能认定一个记录的有效性和安全性，从而很大程度上杜绝了学历、学术造假的可能，极大地保护了高校师生、科研机构的学术成果和应用成果。社会监督可以通过共识机制充分发挥作用，由事发后的网络谴责变为事发前的链上监督，在一定程度上节约了社会资源。

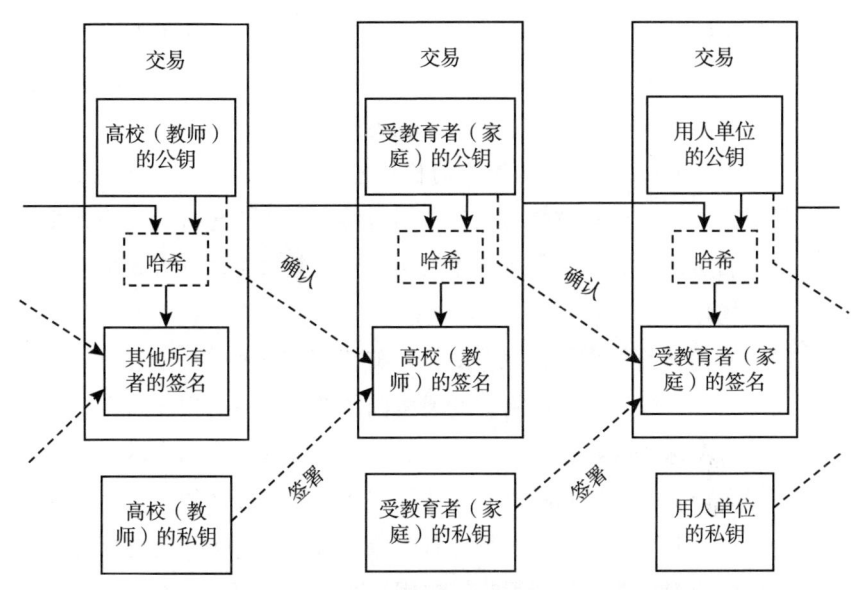

图 2　区块链上教育数据信息授权访问过程

第四，智能合约。即一种已编码的、能自动运行的计算机协议，允许在无第三方情况下进行可信交易。在高等教育领域，可应用于学业督查（学业预警、毕业审查等）、日常监管（调停课、出勤等）、费用支付（学费、薪酬等）等多种场景，通过预先设定的条件约束自动完成，省去不必要的人力资本和时间成本，使得高校治理更加智慧高效。此外，该技术优势还将推动政用产学研协同创新体系的落实落地以及产学研协同育人项目的执行监管，通过智能契约和存证真正实现以用户为中心、明晰市场导向、深化产教融合、发挥政策激励与引导，促进高校、科研院所的科技创新和成果转化，满足行业产业和区域发展对于人才和科技的重大需求。

融合区块链技术的高等教育将呈现出全新的形态。受教育者成为教育教学全链全环节中真正意义的核心主体，所有数据资源因受教育者而产生，同时应受教育者不同阶段的成长需求而更新。链上的每一个利益相关主体，即受教育者及其家庭、高校教师和管理人员、科研机构、用人单位与社会监督等，在任何一个节点都可能成为阶段性的中心，但又不具备强制性的中心控制功能。他们彼此之间的联结因区块链更为紧密、更为自由，因数据信息的记录、查验等形成的虚拟空间互动更加频繁，在教育教学全过程的自主参与度也更高。

3."区块链+"高等教育生态的价值重构

区块链技术与高等教育的融合与创新始终围绕"更好地实现人才培养"这一目标展开，教育的本质不发生变化，教育价值和方式随着技术的更迭而优化。

（1）促进教育资源开放共享，增进知识产权保护。

高等教育资源分配不均衡、发展失调是教育乱象的根源所在。长期以来，经济发达地区和少数重点高校的高水平教育需求和优越发展环境造成了优质资源的自然倾斜，而普通院校或者偏远地区的学生想要获得同等的教育资源则困难重重。虽然有些课程可以通过网络公开，但存在着网站授权烦琐、搜寻整合困难、盗用篡改容易等问题，不利于教育资源效益最大化，也不利于知识产权的保护。区块链技术能够有效解决此类问题。一方面，所有独立用户（师生）和机构（高校）都可以将自己的优质教育资源、学术成果等通过区块链技术更加简单便捷地共享上传到教育应用平台上，自动加盖时间戳、自主添加数字签名，明晰产权边界，保护数据资源不被盗用、更改和随意传播，同时可以在合理传播过程中进行修改和完善；另一方面，区块链技术可以按照节点和区块合理划分教育资源，高效地整合同类资源，从而形成以学习者需求为中心的灵活开放的知识库，便于学习者选择和使用。这样一来，资源的搜寻成本、维权成本都会有效降低，数据资源的创造者、使用者均可获益。与此同时，不同层次的教育资源可以形成优势互补，强化区域教育协作和国际交流合作，促使高等教育面向全民开放，实现教育资源的共建共治共享，从源头上解决教育资源分布不均的问题，促进教育公平。

（2）改善教育教学质量，强化个性化学习。

传统的教学过程中，教师根据自己既有的知识体系和教学经验在课前准备好讲授的知识，然后根据学生的课堂表现、作业的完成情况与考试成绩来考查学生对知识的接受程度。而随着区块链技术的嵌入，教师可以利用其开放性与追溯性智能记录并分析学生课内外学习进度、实践情况、作业完成情况与考试成绩等，并结合学生个人资源包括历史学习情况、技能、兴趣、性格、专长等多方面的数据分析反思教学中存在的问题，灵活调整教学内容、方法、模式和策略，构建适合于学生的个性化教学方案和应用场景，进而在减少教师工作盲目性的同时提高教学质量。而在学习者层面，应用区块链技术可以延展其获取教育资源、收获学业评价、进行教学质量和课程评价的多种渠道，学习者能够打破时段和地域限制修读国内外不同高校的课程，满足阶段性或终身学习的需求。

（3）构建全新证书体系，推动全链条无障碍沟通。

当前，中国高等教育学生信息网（简称"学信网"）是我国高等教育学历证书查询指定的唯一网站，为用人单位获取求职者的身份、学历信息提供了便捷，然而目前学信管理体系仍然存在信息不完备的现象。例如，用人单位想要了解学生的学业情况、在校表现、获奖情况等仍仅能通过学生个人提供的资料辨别，为了保证相关资料的真实性，用人单位往往会要求高校培养单位或职能部门提供证明，甚至前往相应高校进行当面核实。选人用人环节多，还需要求职者从中多方沟通。究其缘由是相关材料往往为经过系统筛查和人工核查后发放的纸质版，缺乏直接查验的通道，而且存在弄虚作假的空间。

采用区块链技术，高校可以在学生入学之初根据预期的培养要求编写智能合约并嵌入链中，以此追踪学生各个时期的在校学习状况、校外辅导情况、获取各类证书、实习实践情况等，形成完整的个人成就数据链，合并所有便于学生日后升学、求职使用的证书、证明，构建全新的证书体系。当学生达到预期的合约要求，系统会自动颁发相应证书，相关职能部门在区块链中进行审查，形成独有的密钥，方便学生升学、求职时使用。升学高校、用人单位可以与学生毕业院校共享数据库，凭借密钥直接获取升学（求职）者的信息并加以验证，实现点对点无障碍沟通。与此同时，用人单位可以根据系统记录的学生综合情况进行更加精准的职位划分，实现最优化的资源配置。

（4）提升高校综合管理水平，促进教育治理能力高效化、精准化。

传统的高校管理模式僵化严重，手续繁杂，管理人员要应对无穷无尽的统计表和证明材料。尽管近年来各类管理系统平台陆续出现，但复杂的操作流程不但没有让使用者减负，实现所谓的智慧化，反倒是为了留痕而留痕，增加了更多人工线上审批环节，无形中降低了工作效率。而区块链技术可以帮助管理人员构建扁平化的管理体系，通过智能合约实现真正的一劳永逸。高校可以整合教学、科研、财务、办公等多套系统，形成一链通办的智慧平台，管理人员只需将预设规则和预期目标等信息录入区块链，全部用户便可在智能合约的约束下记录、更新相关数据，其可追溯特性能够化解层层审批的繁杂，简化办事流程，降低管理成本，而且安全性也更有保障。在需要统计报送相关资料时，管理人员也只需要设定约束条件，便可从任何区块节点上获取相应数据资料，省略了发通知、汇总整理、审核报送等环节，节省大量时间和人力。

四、"区块链＋"高等教育生态建构的困境与对策

（一）困境

当前，由于区块链技术在教育领域的应用还不够成熟，存在一些技术漏洞，社会认可度较低，推广运行相对困难。

1. 社会认知不足阻碍其推广

尽管区块链技术已经出现 10 余年时间，但在教育领域应用的理论研究与实际操作都尚处于起步阶段，未形成行业规范，可供参考推广的典型案例也较少，社会的认可度不高。虽然已有高校对其进行探索式的应用，但更多还是持观望态度。主要原因如下：一是区块链的应用会弱化学校职能部门的权利，冲击传统教育管理模式，打破传统教育利益分配方式；二是搭建区块链节点需要投入大量的人力财力，撇开财力不谈，目前精通区块链技术的人才也是少数，理论研究多数是停留在表

面，实际操作少之又少，这些都阻碍了区块链在教育行业的推广。

2. 配套设施欠缺影响用户体验

高校管理及教学活动的各个环节有丰富多元的信息需要储存，传统的教育活动通过人为筛选信息，保留其认为有用的部分就可以。而区块链几乎记录了数据全生命周期，即每笔智能合约交易自始至终的所有信息，随即引发区块数量的日益增加和存储空间的逐渐缩小，并进一步对区块链信息传输速率产生影响，影响用户体验。与此同时，教育局域网速度慢、校园计算机设备迭代滞后等限制条件也会导致使用者不能及时上传、更新信息，导致其丧失应用信心和积极性。

3. 安全保护技术不成熟容易导致个人信息泄露

区块链中的信任机制是依靠分布式技术和共识算法的自我约束达成的，恶意篡改等欺骗系统的任何行为都会遭到其他节点的摈斥和钳制（高岩松，2020），这使得其安全性相对较高。但近年来泄密事件层出不穷，也反映出区块链技术在隐私保护方面的不足：其一，认证密钥为区块链的匿名性提供了技术保障，使其能够很好地保护使用者的个人信息，但如果密钥不慎丢失或泄露，个人信息便很容易被他人掌握；其二，区块链的安全算法存在被破解的可能，当系统中恶意节点所控制的算力超过诚实节点所控制的算力，系统就存在被51%算力攻击（51% attack）的风险，即发生数据篡改、隐私泄露等系列问题；其三，区块链的条件触发功能对智能合约有极高要求，智能合约的设计如果存在问题，就有可能产生连带损失。

（二）对策

纵有问题存在，"区块链+"高等教育仍是现代教育变革的重要趋势，应从以下三方面入手，深入应用区块链等新一代信息技术，充分发挥数据作为新型生产要素的作用，推动教育数字转型。

1. 强化认识，鼓励高校研究、应用、传播区块链等新一代信息技术

相关部门要积极出台应用区块链等技术推动教育数字转型发展政策，加大专项经费投入，鼓励有条件的高校建设区块链创新应用示范

点、打造智慧校园,加快区块链技术在教育领域的渗透,把晦涩难懂的技术与教育教学现实场景生动结合起来,让更多教育从业者看到区块链对未来教育的重要影响,形成积极求变、乐于接纳的主观认识。要加快区块链人才培育,强化师生培训和交流、开设区块链专业课程、启动区块链研究与实践项目,培养一大批区块链技术的研究者、创新应用人才。

2. 协同共享,引导各方主体参与教育新基建

根据《教育部等六部门关于推进教育新型基础设施建设构建高质量教育支撑体系的指导意见》,以教育部、工业和信息化部等职能部门为牵头单位,加强部际协同、部省联动和区域协调,积极引导多方力量参与高校信息网络新型基础设施建设,为区块链等新技术应用提供配套。加快教育专网建设和校园局域网升级,畅通连接全国各级各类学校和教育机构间的教育网络,加快实现校园网络高速便捷、绿色安全。整合各类教育应用平台和数据中心,构建面向各级各类学校的通用化平台,避免重复建设,支持高校开展教育教学、行政管理和公共服务一体化"上云",升级网络空间。

3. 审慎推进,提升数据保障能力

教育教学的数字转型需量力而行、循序渐进。要充分论证已有案例,有效感知、研判网络安全威胁,在有限范围内进行多番实验验证,及时发现技术漏洞和潜在风险,不断有针对性地完善共识机制、合理设置准入机制,强化多元主体在线监管,保障广大师生的切身利益。要推动建立行业规范,加强密钥安全和备份机制,建立统一的用户身份认证体系,巩固数据传输和存储的安全性。

参考文献:

[1] 丁宝根,杨树旺,赵玉. "区块链+" 高等教育变革的现实性、问题及建议 [J]. 现代教育技术,2019,29 (7): 45–51.

[2] 杜华. 区块链技术对高等教育发展的价值重构与路径创新 [J]. 现代教育技术,2017,27 (10): 55–60.

［3］冯曦．区块链技术在高校教育领域中的应用研究［J］．课程教育研究，2017（20）：10-11．

［4］高岩松．基于区块链技术的高等教育新生态研究［J］．天津中德应用技术大学学报，2020（4）：60-64．

［5］贾晓波．教育与区块链技术的应用浅析［J］．科技与创新，2019（20）：142-143．

［6］李凤英，何屹峰，齐宇歆．MOOC 学习者身份认证模式的研究——基于双因子模糊认证和区块链技术［J］．远程教育杂志，2017，35（4）：49-57．

［7］李凤英．融入区块链技术的网络学习空间：途径、价值与管理模式［J］．远程教育杂志，2019，37（6）：72-80．

［8］李新，杨现民．应用区块链技术构建开放教育资源新生态［J］．中国远程教育，2018（6）：58-67，80．

［9］廖祥忠．以"三个跨越"开启传媒高等教育新发展阶段［EB/OL］．(2020-12-08)［2021-10-05］．https：//baijiahao.baidu.com/s？id=1685463301481109765&wfr=spider&for=pc．

［10］全立新，熊谦，徐剑波．区块链技术在数字教育资源流通中的应用［J］．电化教育研究，2018，39（8）：78-84．

［11］沈书生．从教学结构到学习结构：智慧学习设计方法取向［J］．电化教育研究，2017，38（8）：99-104．

［12］史强．区块链技术对未来我国高等教育的影响［J］．高教探索，2018（10）：5-13．

［13］吴永和，程歌星，陈雅云，等．国内外"区块链+教育"之研究现状、热点分析与发展思考［J］．远程教育杂志，2020，38（1）：38-49．

［14］许涛．区块链技术在教育教学中的应用与挑战［J］．现代教育技术，2017，27（1）：108-114．

［15］许涛．"区块链+"教育的发展现状及其应用价值研究［J］．远程教育杂志，2017，35（2）：19-28．

［16］许振宇，吴金萍，霍玉蓉．区块链国内外研究热点及趋势分析［J］．图书馆，2019（4）：92-99．

［17］杨现民，李新，吴焕庆，等．区块链技术在教育领域的应用模式与现实挑战［J］．现代远程教育研究，2017（2）：34-45．

[18] 游莺. 区块链技术对教育创新发展的潜在价值 [J]. 江苏经贸职业技术学院学报, 2019 (2): 61-65, 89.

[19] 翟海燕. "区块链+" 高等教育变革对高等教育生态的重塑 [J]. 高教探索, 2020 (4): 36-40.

[20] 张浩, 孙发勤. 教育生态视角下高校区块链技术应用路径分析 [J]. 黑龙江高教研究, 2020, 38 (11): 48-52.

[21] 周美云, 关成刚. 契机还是危机: 当 "高等教育" 遇到 "区块链" [J]. 黑龙江高教研究, 2020, 38 (6): 6-10.

[22] Nakamoto S. Bitcoin: A Peer-to-Peer Electronic Cash System [EB/OL]. (2008-11-01) [2021-09-02]. https://bitcoin.org/bitcoin.pdf.

[23] Pilkington M. Blockchain Technology: Principles and Applications [EB/OL]. [2016-12-20]. https://ssrn.com/abstract=2662660.

[24] Turkanović M, Hölbl M, Košič K. EduCTX: A Blockchain-based Higher Education Credit Platform [J]. *IEEE Access*, 2018 (6): 5112.

[25] Wang Z. Higher-education Ecosystem Construction and Innovative Talents Cultivating [J]. *Open Journal of Social Sciences*, 2019 (3): 146.

课程改革和教学方法研究

外国经济思想史课程教学改革探讨

赵 莹[*]

摘 要：外国经济思想史是经济学专业本科核心课程之一，具有理论性强、内容覆盖广、时间跨度长、学习难度大等特点。随着时代的发展、教育教学改革的不断深化，传统讲授式教学方式已经无法满足学生学习的需要，为了取得更好的教学效果，教师需要进行教学方式和考核方式的改革。在课程教学中要采用多种教学方法，精心组织教学环节，改变考核方式，以改革促发展。

关键词：外国经济思想史；教学方法；教学改革；考试改革

一、课程介绍

（一）课程的定义及基本任务

外国经济思想史是经济学专业本科专业核心课程之一，它也被称为

---

[*] 赵莹，辽宁大学经济学院，研究方向为经济思想史。

经济学说史、经济思想史、经济分析史、经济理论和方法史等（姚开建，2016）。其核心是研究不同历史时期经济思想的产生、发展及其影响。通过对各种经济思想、经济观点、经济学说的发展演变进行研究，阐述经济思想产生和发展的规律。一般而言，经济学系的本科生在1~3年级时会学习微观经济学、宏观经济学、外国经济思想史与西方经济学流派4门西方经济学的相关课程。

外国经济思想史是经济学专业的专业基础课，大多开设在本科三年级，多为2~3学分，36~48学时。之所以在三年级开课，有以下几方面原因。一是因为它是经济学专业核心课，需要学生修完公共课之后再学习。二是因为经济学专业的学生在一二年级时要先学习至少一年的现代西方经济学，即宏观经济学和微观经济学。有了现代经济学理论基础，再来学习经济思想史，才能够更好地理解整个经济思想的产生发展过程，理解现代西方经济学的历史渊源，从而实现对经济学基本理论的融会贯通。三是因为经济学理论是经济学各分支的理论基础。如果把经济学比喻成一棵大树，各个专业则是大树上的一个个枝权，那么宏观经济学和微观经济学就是大树的树根，是基础、根基，而宏观经济学和微观经济学是经济思想史发展到现代的产物，经济思想史是现代西方经济学的基础。学生们经过两年经济学的学习，能初步形成经济学的思维方式，初步建立经济学的理论框架，初步学会经济学的分析方法。以此为基础学习经济思想史更有利于理解经济学发展脉络，把握现代经济学的精髓。

从教学内容和教材的使用上看，我校采用的是由姚开建主编、中国人民大学出版社出版的《经济学说史》教材。按照该教材的教学体系，外国经济思想史的教学内容包括以下六个部分。第一篇——前资本主义社会，包括古代希腊、古代罗马、西欧中世纪的经济思想和重商主义；第二篇——17世纪中叶~19世纪初的古典经济学，包括英国古典政治经济学和法国的重农学派；第三篇——19世纪初~19世纪60年代，包括英法的经济学说、德国历史学派与美国早期的经济思想；第四篇——19世纪70年代~20世纪初，包括边际效用学派、德国新历史学派、美国制度学派与马歇尔的经济学说；第五篇——20世纪初~20世纪30年代，包括新古典学派、瑞典学派、新奥地利学派、伦敦学派、芝加哥学派、美国制度学派、熊彼特的经济学说、凯恩斯的经济学说；第六篇——20世纪40年代以后，包括新古典综合派、新剑桥学派、现代货币学派等各种学派（姚开建，2016）。从教学内容上可以看出，外国经济思想史课程知识量巨大、理论丰富，历史年代跨度大，教学内容涵盖广，对师生的教与学都提出了非常高的要求。

（二）课程开设情况现状

从教学内容上来看：如前所述，经济思想史课程涵盖范围广，从奴隶社会早期经济思想的产生一直到现代西方经济学的产生，时间跨度2000多年，包括重商主义、重农主义、古典经济学、庸俗经济学、边际效用学派、新古典经济学、现代经济学多个学派，内容涉及历史、政治、经济、社会、宗教等多方面。各部分内容之间具有较强的内在逻辑，各个环节相扣紧密。例如，学习古典经济学时主要是从英法两国的不同社会背景出发，分别阐述各自古典理论的产生与发展，虽然两国理论的基础都是劳动价值论，但是需要从社会背景、代表人物、理论体系等各个方面对两国理论进行比较分析，才能够清楚地讲明古典经济学的价值理论、分配理论、社会再生产理论以及贸易理论、财政理论等方面的内容。可是，外国经济思想史这门课程的授课时间只有1个学期48学时左右，如何利用极为有限的学时完成庞大的教学内容，对任课教师提出了很高的要求。教师不仅要熟悉现代经济学、经济思想史与经济史的内容，还要阅读大量的历史、政治、社会学、心理学、哲学、高等数学等方面的文献，才能够更好地把握和理解经济思想史的课程，这些都对授课教师提出了挑战，需要教师具有丰富的多学科知识。

从可获取的教学资源情况来看：作为经济学的二级学科，外国经济思想史的教学资源相对较少。即使在互联网如此发达的现今，经济思想史方面的多媒体资源数量相比其他二级学科也少得多，特别是一些相关的史料就更难找到了。从公开发行的教材数量上看，与西方经济学的教材出版数量相比，经济思想史的教材数量要少得多。从学术期刊发文的角度来看，关于经济思想史方面的论文占比也相对较低。尽管在一些新媒体上有相关短视频之类的资源，但这些资源的可靠性、准确性都无法得到保证。这些情况导致无论教师还是学生在教学中都面临获取相应学术资源的困难。

从学生学习情况来看：不少学生对这门课程存在认知误区，对课程重视不够。这门课程高度抽象，是纯理论性的课程，又在名字中带有一个"史"字，这就造成一些学生认为这门课程用处不强，只要在考试前死记硬背，能通过考试，不挂科就万事大吉。这种认识偏差直接导致一些学生的学习积极性不高，上课不听讲、不记笔记，甚至缺课。从学生的学习基础来看，如前所述，外国经济思想史课程内容涵盖历史、政治、经济、社会学、宗教、心理学、高等数学等多学科的内容，不仅对教师要求高，对学生的要求也高。学生需要具备多学科的基础知识，也就是说学生的知识面一定要广泛，而很多学生很难达到这种高要求。如果单纯依靠教师在课堂上进行多学科内容的讲解和介绍，课时又成了一个问题。经济学专业的学生属于文理兼招，文科生历史政治功底好，但数学相对较弱，高数学习中面临的一些困难反映到经济思想史上，就是对理论中的数理模型部分难于理解。而对于理科生来说，数学上的困难没有了，但历史、政治、社会方面的基础又相对薄弱，而每一种经济思想的产生又是与其所处的历史时期、社会状况分不开的，每一种理论的产生都是当时社会经济现象的反映。所以，这部分学生又会面临难以理解经济学说的问题。因此，如果真正想要学好这门课程，无论对教师还是学生都是一种挑战。

二、多种教学方法的混合使用

根据上述外国经济思想史课程特点，经过多年教学实践，我们发现继续沿用传统讲授式教学已经无法适应新时代教学发展，无法满足学生学习需求，教学效果大打折扣。为此，我们不断摸索，开始采用多种教学方法相结合的混合式教学。

（一）讲授法与启发法相结合

"授人以鱼"不如"授人以渔"。外国经济思想史这门课程的学习，不仅要了解经济学思想的发展演变情况，更主要的是通过这些知识的学习，培养学生的经济学思维，让学生学会用经济学的思考方式来分析问题、研究问题、解决问题（李伯兴等，2008）。讲授法是一种被广泛采用的传统教学法：在有限的课堂时间内，通过教师的讲解，为学生提供最大量的知识。这种方法是以老师讲课为主，学生属于被动听课，如果学生对学习的内容不感兴趣，便容易出现溜号、缺课等现象，不利于调动学生的学习积极性。启发式教学法则是教师对相应的知识点加以引导，由学生独立完成分析、思考、整理、总结的过程，这种方法更有利于调动学生的内在学习力。外国经济思想史是一门纯理论性课程，理论体系一方面是阐述不同历史时期、不同学者的经济观点和经济主张，另一方面是对这些学者的经济理论、政策主张结合其所处历史时期，结合其思想观点在经济思想史上的地位和作用进行评论。因此，在教学中，我们主要应用讲授法阐述理论学说的基本理论部分，讲经济思想产生的背景、讲经济思想的内容、介绍主要经济学者、讲重点、讲难点、讲热点，突出经济理论的形成思路和分析方法（李金昌，2011）。而在进行评论时，则更多让学生结合理论内容进行论述，启发、鼓励学生提出自己的观点。比如，英国古典政治经济学有三位主要代表人物：英国古典政治经济学的先驱者威廉·配第，经济学历史上最著名的经济学家亚当·斯密，以及英国古典政治经济学的集大成者大卫·李嘉图。在经济学历史上，古典政治经济学最早将研究范畴从流通领域转向生产领域，最早对劳动价值论进行研究，但是这三位学者在价值理论方面的研究却不尽相同。在学习过程中，教师应主要对这三位经济学家的价值理论进行讲解和分析，而在对他们的观点进行评论时，教师就要引导学生对这三位学者的价值理论进行对比分析，既分析三人之间观点的差异性，又以马克思的劳动价值理论为指导，分析其与马克思价值理论之间的差别，对他们各自理论的进步性与不足之处分别评述。通过这些分析，既可以加深学生对英国古典政治经济学价值理论的理解，又可以启发学生进行比较分析，总结各种理论的利弊，从而达到培养学生自主学习、自主研究能力的目的，改变"老师讲、学生听"的填鸭式教学模式（李停，2015）。

（二）外国经济思想史与现代西方经济学相结合

经济学三年级本科生都已经至少学过一年的西方经济学课程，外国经济思想史是他们所学现代西方经济学的历史溯源。现代西方经济学以模型的形式展现经济理论，要求较高的数学基础，学生往往需要大量的数学推导和模型分析才能够得出相应的经济结论，学生经过1~2年的学习和练习，可能对这些模型掌握得非常好，但对模型的产生、经济含义、政策实践作用往往缺乏深刻的认识。而通过外国经济思想史的学习，学生可以了解经济学说产生、发展的历史与经济思想的演变过程，既可以帮助他们理解现代经济学中各种经济理论的来龙去脉，也可以帮助他们了解经济理论的政策含义与在实践中的应用价值，他们便可以对现代西方经济学有更为深刻的认知，从而将经济学理论学习与时代相结合、与实践相结合，提高学习的社会价值和实践意义。

（三）比较分析法

外国经济思想史是从历史的角度分析经济思想的演变，因此，很多思想或学说具有一定的相似性和对比性，教师可以灵活运用各种比较分析方法，帮助学生理解所学内容。在教学中，我们采用过以下一些教学方法。

第一，编制时间脉络表，按照前古典时期、古典时期、新古典时期、现代经济学对经济思想史进行分区，将每个时期的主要经济学者及其主要经济思想按时间进行区分。以古典经济学为例，古典经济学主要是指英法两国的古典经济理论。根据马克思对古典经济学的划分，英国古典经济学的先驱是配第，经斯密到李嘉图结束，李嘉图是集大成者；法国古典政治经济学的先驱是布阿吉尔贝尔，经重农学派，到西斯蒙地结束（姚开建，2016）。我们可以按照时间脉络分别编制英法两国古典经济学的时间脉络表，标注其开始、发展、结束的时间点，在各个重要时间点上标注主要学者及其主要经济思想。通过时间脉络表，学生可以清楚地看到古典经济学经济理论在英法两国各自的发展情况与各自的理论特点，帮助学生形成系统的理论体系。

第二，对同一问题、不同时期、不同经济学者的不同观点编制"问题—时间演变表"。仍以古典经济学为例，古典经济学家们对价值理论、货币理论、分配理论（包括工资理论、地租理论、利息理论/利润理论）、分工理论、赋税理论、国际贸易理论等大都进行了分析。在教学中，可以把不同学者对同一问题的研究总结在一起，按时间顺序排好，结合不同学者所处的不同历史时期，通过对比分析，更为清晰地把握该理论在整个古典经济学时期的发展，可以更为清楚地看到经济思想的演变过程。

第三，对同一问题、不同学者的观点进行比较分析，抓住重点，分析影响。比如，在古典经济学时期，斯密和李嘉图都阐述了国际贸易思想。斯密的分工优势原理分为绝对优势和相对优势两种，但他本人较多地论述了绝对优势原理，并将其看作形成国际分工和国际贸易的根本依据（姚开建，2016）。李嘉图继承和发展了斯密的国际贸易理论，主要阐述了比较成本学说即相对优势理论，他的比较成本学说适用性更强，反映了当时英国资产阶级对外经济扩张的要求（姚开建，2016）。对斯密绝对成本学说与李嘉图比较成本学说进行比较分析，可以更好地看到国际贸易理论的早期发展情况。这种比较分析例子在经济思想史中有很多，如对萨伊定律与凯恩斯定律进行比较分析，对李嘉图和西斯蒙地的经济危机理论进行比较分析。通过比较分析，可以使学生认识到理论的产生有其历史背景，理论的发展要求其在不断变化的历史背景中不断进行纠错，以适应时代的发展。正是在一代代学者的不懈努力下，各学科才能够不断发展，不断进步，取得今天的成就。

（四）案例教学法

案例教学法是教学中经常采用的一种方法，在学习经济理论和经济思想的过程中，将理论性知识与现实中的案例结合在一起，利用案例分析贴近现实、趣味性强的特点，在高度抽象的理论课中加入大量生动有趣的案例分析，可以使枯燥乏味的理论分析变得生动活泼，既能加深理解，又能提高学生分析问题和解决问题的能力（冯琦，2009）。在课堂教学中，我们常采用理论联系实际、古代联系现实的方式，增加具有当代启发意义内容的讲解，通过这种方式，可以帮助学生理顺经济思想的发展脉络，帮助学生理解经济思想的现代意义，提高学生对经济理论的体系化、系统化认识，帮助他们建立知识结构网，而不是让知识以一个个"散点"的形式存在。比如，在学习斯密的价值理论时，可以通过马克思对古典经济学的研究，来说明古典经济学的出现是经济思想史上的一大进步。古典经济学最早将经济学的研究领域从流通领域转向了生产领域，将劳动看作价值创造的源泉，成为马克思价值理论的来源之一。通过马克思学习古典经济学的案例，既帮助学生们理解了英国的古典政治经济学，又让学生们了解了马克思经济思想与古典经济学之间的关系。又如，在学习李嘉图的国际贸易理论时，可以利用我国各地自贸区的案例或中美贸易战的案例来进行分析。时至今日，李嘉图的国际贸易理论仍然可以解释国际贸易中的诸多问题，具有强大的生命力。再如，法国重农学派强调农业的基础地位，强调农业在生产中的作用。我国一直坚持以农业为本，强调农业的基础地位，重视农业、农村、农民"三农"问题，以及农业及农村发展对国民经济发展的影响。我们关于农业的认识与重农学派关于农业的认识有异曲同工之妙。而亚当·斯密的诸多经济理论和经济主张，如"看不见的手"的基本原理，更是成为市场经济发展的基本准则；其关于政府职能的观点，也可以用我国政府职能转变的案例来进行说明。凯恩斯有效需求管理的宏观经济政策主张更是可以用第二次世界大战后多个国家经济发展的成功实践来进行说明。这些生动活泼的案例分析不仅提高了课堂的趣味性，而且证明了正确的经济理论具有科学性，能够经受得住时间的考验、实践的检验。

（五）分组讨论法

改变传统讲授式教学模式，还可以采用分组讨论法。经济思想经过数百年的发展，在实践中不断完善和发展，对解决当下的社会经济问题，依然具有一定的指导意义。因此，在教学过程中我们采用分组讨论的方法，使理论知识与社会热点问题相结合，以期激发学生的学习兴趣。但是，如果只采用讨论的方式，一些性格开朗、愿意发言的同学可以得到锻炼，而一些不愿意发言或者兴趣不高的同学则仍然得不到锻炼，所以我们的分组讨论，主要采取辩论方式。按照全班人员进行分组，设定辩论题目，请同学们按照自己感兴趣的题目选择小组，进而选择自己做正方还是反方。我们一般在开学初就给定全学期的辩论题目，随着课程内容的不断深入，每月设立一次辩论课，同学们可以根据自己的兴趣，自行选择参加哪个月的辩论。为了进行辩论，同学们需要查阅资料、收集整理文献，同一辩论组的同学要互相讨论，这些准备活动都对同学们自主学习能力的培养起到了促进作用。

在辩论题目的选择上，我们主要是集中于当前经济中的一些热点问题，将这些热点问题设成辩论题目，让同学们从经济思想史的角度，对当代经济问题进行分析。如人口问题，我们的人口政策从计划生育政策转向开放二胎进而又开放三胎的政策，这种政策转变就可以应用人口原理来进行分析。经济思想史上进行人口问题分析的著名经济学家就是马尔萨斯，他是现代人口理论的奠基人，其关于人口增长与人口控制的理论被讨论至今（王佳楣等，2018）。对人口问题感兴趣的同学就可以选择参与这个题目的辩论，自行选择是正方——主张放开人口控制，全面放开人口生育政策，或是反方——没必要放开人口生育政策。理论与现实的结合，切中了学生的兴趣点，他们可以更加深入地了解西方经济理论的发展变化情况以及理论的内涵和外延情况。

又如，促进消费是否还要勤俭节约，我们可以从凯恩斯在经济思想史上的贡献与节俭悖论的角度进行讨论①。新冠疫情后，当世界主要国家大多开始实施宽松货币政策、进行"放水"时，我国需不需要也实行宽松的货币政策等社会热点经济问题，几乎都可以从经济思想史上找到它们的历史渊源。以史为镜、以史为鉴，将历史与现实有机联系在一起，促进了教学效果的提升。

（六）励志教学法

在外国经济思想史的学习过程中，每讲到一个经济思想，教师都会对提出这种思想的经济学家进行介绍，学生们都会特别感兴趣。在学习过程中，老师不仅可以介绍这些学者的生平、著作，还可以介绍他们的生活经历、成长之路，甚至一些生活学习中的趣事，这些内容不仅能够激发学生的学习兴趣，还能够起到励志作用。比如配第，他是英国古典政治经济学的创始人，出生于一个小手工业者家庭，在教会学校上学，学习医学，后成为医生，35岁时当选国会议员，步入新兴土地贵族的行列（姚开建，2016）。从他的经历来看，似乎与经济学没有任何关系，可他却在40岁左右时开始进行经济研究并出版了相应的著作。重农学派的主要代表人物魁奈也是医生，在医学上取得了很大的成就而被封为贵族，在62岁左右时开始研究经济学，并且发表了自己的第一篇经济学论文。《师旷劝学》中说："少而好学，如日出之阳；壮而好学，如日中之光；老而好学，如炳烛之明。"这两位学者的例子都说明，无论什么时候开始学习都为时不晚，只要有一颗热爱学习的心，就会不断地充实自己。他们的经历也告诉学生，只要肯学习终究会取得成功。还

---

① 18世纪，荷兰的曼德维尔博士在《蜜蜂的寓言》中讲过一个有趣的故事：一群蜜蜂为了追求豪华的生活，大肆挥霍，结果这个蜂群很快兴旺发达起来。而后来当这群蜜蜂改变生活习惯，放弃奢侈的生活，崇尚节俭，结果却导致了整个蜂群的衰败。节俭本是美德，为什么会产生这种悖论呢？凯恩斯对此进行了解释。从微观个体的角度看，开源节流、勤俭节约可以增加储蓄，增加财富；但从宏观整体上看，如果一个国家的经济主体都节俭，会使得社会总消费支出下降，产品销量下降，厂商缩小生产规模，失业人口上升，国民收入下降，个人可支配收入下降，社会总消费支出下降……社会经济陷入贫困的恶性循环。为了避免这种情况的出现，就需要从需求角度进行宏观经济管理。

有亚当·斯密，经济学历史上最伟大的经济学家，14岁即进入格拉斯哥大学，17岁进入牛津大学，他的《国富论》是经济学历史上最伟大的著作，他提出的"看不见的手"原理，成为指导市场经济运行的基本原则（姚开建，2016）。另一位伟大的经济学家李嘉图出生于犹太人家庭，只接受过初等教育，14岁就开始在证券交易所工作，他聪明好学、兴趣广泛，在数学、化学、物理、矿物学等方面都进行过学习，27岁时读到了斯密的《国富论》，从此开始对经济学进行研究，解决了斯密价值理论中的缺陷，并最终成为英国古典经济学的集大成者（姚开建，2016）。还有马尔萨斯、穆勒、萨伊、马歇尔、凯恩斯等。通过对这些学者生平的学习，学生们不仅了解了他们所研究的经济理论，而且在其人生经历中也会得到某种启示，形成激励作用，一些学生甚至对经济学产生了浓厚的兴趣，也立志要从事经济研究。这种教学效果远远超过单纯讲授经济理论所能得到的结果。

三、考试方式改革

在进行教学方式改革的同时，我们也进行了考试方式改革探索，改变以往由期末一张卷纸决定成绩的考核方式，利用多种考察形式，将期末成绩与平时成绩结合在一起，形成综合性评价，尽可能客观地反映学生的学习态度、学习能力和学习效果。比如，我们将学生的总成绩分为两部分，一部分是期末考试成绩，占60%，以闭卷考试的形式出现，考试题型包括单选、多选、填空、匹配、简答、论述、材料题，改变死记硬背就能取得好成绩的情况；另一部分是平时成绩，占40%，这部分构成形成性评价，包括课堂讨论、作业、测试、案例分析等。这部分主要考查学生在整个学期过程中的课上学习情况与课后自主学习情况。通过改革考试方式，学生如果想要取得好成绩，就要真正认真地进行学习，不仅要认真听讲，还要认真思想、自主分析、善于总结、团队合作，这是对学生综合能力的一种提高，无论是学习内容的广度和深度，还是学生的自学能力、理解能力、表达能力、写作能力，都能全面进行考察。同时，也激发了学生的学习兴趣，变"要我学"为"我要学"，增强了学生的探索精神和创新能力。

四、结论

总之，外国经济思想史这门课程的教学，不仅要向学生传授经济思想史方面的知识，更要培养学生良好的学习习惯、学习能力、学习方法、经济学的思维方式。既要使学生认识到经济学是一门博大精深的科学，又要使学生对经济学产生兴趣，愿意以经济学作为终身学习和研究的领域。同时，教师还要教书育人，帮助学生树立正确的世界观、人生观和价值观，培养符合社会主义现代化建设需要的优秀人才。

参考文献：

［1］冯琦.《经济学说史》教学改革刍议［J］.江苏教育学院学报（社科版），2009（9）：49－51.

［2］李伯兴，官锡强，农卓恩.经济纵谈［M］.西安：电子科技大学出版社，2008.

［3］李金昌.人才培养与教学改革——浙江工商大学教学改革论文集2010［M］.杭州：浙江工商大学出版社，2011.

［4］李停.财经类应用型本科院校计量经济学教学探讨［J］.唐山师范学院学报，2015（3）：152－155.

［5］芦蕊.地方本科高校西方经济思想史课程教改探究［J］.陕西教育（高教），2016（8）：23－24.

［6］罗序斌.经济思想史课程建设的实践与反思［J］.金融教育研究，2018，31（2）：61－65.

［7］王佳楣，任晓红，王方.西方经济思想史课堂教学趣味性实例设计［J］.经贸实践，2018（4）：352－354.

［8］王述勇，方卓.课程改革视域下应用型本科院校《经济思想史》课程标

准化体系建设研究［J］.中国标准化，2022（8）：149－151.

［9］姚开建.经济学说史（第三版）［M］.北京：中国人民大学出版社，2016：1－144.

［10］叶凌寒，朱翔.基于BOPPPS模式的经济思想史课程教学改革［J］.海峡科学，2021（2）：90－92.

［11］章莉.本科高年级外国经济思想史课程教学改革的几点建议［J］.山西财经大学学报（高等教育版），2008（S2）：61－62.

包络定理在中级微观经济学中的应用[*]

隋振婷[**]

摘　要：中级微观经济学中通常涉及很多研究参数变化对均衡影响的比较静态分析，包络定理可以使得这类分析和相关计算更加简洁。本文说明了单变量和多变量两种情形下包络定理的表达式，并简要总结了包络定理在消费者行为理论和厂商理论中的主要应用及结论。

关键词：中级微观经济学；包络定理；比较静态分析

中级微观经济学课程介于初级微观经济学与高级微观经济学之间，课程的主要特点是运用数学语言来表述微观经济学的基本概念与基本原理，对个体经济主体的经济行为与市场机制的运行规律进行理论研究。研究内容主要包括消费者行为理论、厂商理论及市场理论，中级微观经济学的学习过程中会涉及很多比较静态分析——研究既定条件发生变化对均衡的影响，并对新旧两个均衡状态进行比较。比如，研究消费者行为时，在得出了消费者均衡的条件之后，通常会进一步分析商品价格或收入变化对消费者选择的影响。

---

[*] 本文系 2022 年度辽宁大学本科教学改革项目"《中级微观经济学》线上线下混合教学模式探索"（JG2022ZSWT037）的阶段性成果。

[**] 隋振婷，辽宁大学经济学院，研究方向为制度经济学。

包络定理是用于比较静态分析的重要数学工具,该定理描述了函数最优值将如何随函数中的参数变化而变动的规律。

一、包络定理的含义及表达式

包络定理研究的是函数中某一参数变化时,函数的最优值如何随参数的变化而变动,可以从单变量和多变量两种情形来具体看包络定理的表达式。

(一) 单变量情形

一般来说,对于单变量函数 $y = f(x, a)$,求参数 a 变化对函数 $f(x, a)$ 最优值的影响需要先求解函数的最优值 y^*,然后再计算参数变化对函数最优值的影响。当函数较为复杂时,这种做法通常是烦琐和麻烦的,因为这要求反复最大化目标函数。

包络定理为计算这类问题提供了一个捷径:对于参数 a 的微小变化,可以在自变量 x 的最优值点上令 x 为常数,通过对目标函数直接计算 $\partial y / \partial a$ 得出。即包络定理表明,当考察函数 $y = f(x, a)$ 的最优值 y^* 关于参数 a 的关系时,可以固定所有的自变量不变,再求 Y 对 a 的偏导数,最后将 x^* 代入偏导数的表达式中,即:$\dfrac{dy^*}{da} = \dfrac{\partial y}{\partial a} \{X = X^*(a)\}$。

(二) 多变量情形

对于 y 是多变量函数的情形,包络定理依然成立。假定 y 是关于 x (x_1, x_2, …, x_n) 与参数 a 的函数:

$$y = f(x_1, x_2, \cdots, x_n, a) \tag{1}$$

求 y 的最优解需要解 n 个一阶方程:

$$\frac{\partial y}{\partial x_i} = 0 (i = 1, \cdots, n) \tag{2}$$

通过求解这 n 个一阶方程可求出 X 的最优值,显然这些最优值都依赖于参数 a,有:

$$x_1^* = x_1^*(a), \ x_2^* = x_2^*(a), \ \cdots, \ x_n^* = x_n^*(a) \tag{3}$$

将 X 的最优值代入目标函数可以求出函数的最优解 y^*,很显然 y^* 的取值受参数 a 的影响,具体来看:

$$y^* = f[x_1^*(a), \ x_2^*(a), \ \cdots, \ x_n^*(a), \ a] \tag{4}$$

求 y^* 对 a 的导数,有:

$$\frac{dy^*}{da} = \frac{\partial f}{\partial x_1} \times \frac{dx_1}{da} + \frac{\partial f}{\partial x_2} \times \frac{dx_2}{da} + \cdots + \frac{\partial f}{\partial x_n} \times \frac{dx_n}{da} \tag{5}$$

由于 x 是最优值,除最后一项外其他各项都是 0,所以可得下述包络结果:

$$\frac{dy^*}{da} = \frac{\partial y}{\partial a} \tag{6}$$

由包络定理可知,分析参数 a 变化对函数最优值 y^* 的影响时,不再需要先求出 y 的最优值,可以直接通过对原函数求偏导数得出。

二、包络定理的主要应用

包络定理在经济学里应用广泛,在中级微观经济学中,很多经济问题都会涉及参数变化的影响。例如,在消费者行为理论中,计算商品价格变化对消费者购买数量的影响;在厂商行为理论中,计算要素价格变化对厂商要素选择的影响,应用包络定理会使这类计算和相关分析更加简洁。

(一)包络定理在消费者行为理论中的应用

支出函数是中级微观经济学消费者行为理论中一个重要的概念,支出函数与间接效用函数是互为反函数的关系,两者都取决于市场价格,但是所受到的约束不同:间接效用函数面临的是收入约束,支出函数面临的则是效用约束。推导支出函数的支出最小化问题是推导间接效用函数的效用最大化问题的对偶问题。

消费者行为理论的核心内容是研究特定约束条件下消费者对商品种类和数量所做的均衡选择。静态分析表明消费者均衡出现在预算线与无差异曲线相切的切点处，满足 $MRS = \dfrac{p_x}{p_y}$ 这一条件，这一均衡结果表明消费者的行为选择受商品价格的影响。相应地，商品价格变化会影响消费者对商品种类和数量的选择。

支出函数研究的是在商品价格给定时，消费者实现既定效用水平的最小支出。很显然，商品价格变化会改变消费者对商品数量的选择进而影响消费者实现既定效用水平的最小支出。若直接计算这一影响，计算通常较为烦琐，而包络定理则可以使计算更加简洁。

支出最小化的拉格朗日函数表达式为：

$$L = p_x x + p_y y + \lambda [U(x, y) - \overline{U}] \qquad (7)$$

由包络定理可得：

$$\frac{\partial E(p_x, p_y, U)}{\partial p_x} = \frac{\partial L}{\partial p_x} = x^c(p_x, p_y, U) \qquad (8)$$

$x^c(p_x, p_y, U)$ 是商品 x 的补偿性需求函数，即假定真实收入不变时，商品价格与商品需求数量之间的函数关系。应用包络定理得到的上述求导结果表明商品价格变化对支出的影响大致等于该商品的补偿性需求量，中级微观经济学中通常会利用对支出函数求偏导数的方法得到补偿性需求函数。

（二）包络定理在厂商理论中的应用

在厂商理论中，一个重要的比较静态分析内容是研究要素价格变化对厂商的要素选择及成本的影响。应用包络定理不仅可以使这一比较静态分析更加简洁，通过求成本函数对要素价格的偏导数还可以得出对要素的引致需求函数，这是厂商理论中非常重要的一个函数。

厂商理论中的成本函数表明在要素价格给定时，厂商实现既定产量水平的最小成本，成本最小化的拉格朗日函数表达式为：

$$L = vk + \omega l + \lambda[q - f(k, l)] \qquad (9)$$

由包络定理可得：$\frac{\partial C(v, \omega, q)}{\partial v} = \frac{\partial L}{\partial v} = k^c(v, \omega, q)$；类似地，$\frac{\partial C(v, \omega, q)}{\partial \omega} = \frac{\partial L}{\partial \omega} = l^c(v, \omega, q)$。

除此以外，包络定理也可以用于考察利润如何对要素投入和产出的价格变化做出反应。厂商理论中利润函数反映的是在产出价格和要素投入价格给定时，厂商选择要素的种类和数量所能实现的最大化的利润水平。要素投入和产出价格作为影响最大化利润水平的参数，其对利润函数的影响可以通过包络定理予以简化，由此可以得到厂商理论中很有用的两个结论：

$\frac{\partial \pi(p, v, \omega)}{\partial p} = q(p, v, \omega)$，这一结果表明产出价格变化将以厂商的产量为比例增加利润；$\frac{\partial \pi(p, v, \omega)}{\partial v} = -k(p, v, \omega)$，$\frac{\partial \pi(p, v, \omega)}{\partial \omega} = -l(p, v, \omega)$，这两个结果表明要素投入价格的变化对利润的影响与该要素投入的具体数量有关，同时也给出了中级微观经济学中求要素投入需求函数的常用方法，即通过利润函数对要素投入价格求偏导数得出要素投入的需求函数。

三、结论

包络定理在中级微观经济学中应用广泛，是一个非常重要的运用数学方法进行比较静态分析的工具。在理论层面，运用包络定理来证明相关的经济学定理，可以更好地促进中级微观经济学的学习与教学；在实践层面，包络定理通过数学公式的方法帮助我们更好地理解市场经济中各类经济主体对相关条件变化所做出的反应，从而可以更好地理解他们的行为方式与实质，更有逻辑地对社会中的相关经济现象或经济问题进行分析和解释。

参考文献：

[1] 陈颂，闫晓芳. 包络定理及其应用［J］. 新课程（中），2014（9）：86.

[2] 邓军，吴汉洪. 西方微观经济学中的包络定理述评［J］. 北京机械工业学院学报，1994（2）：132－136.

[3] 高建伟，康凯. 微观经济学中的包络定理教学［J］. 大学教育，2016（2）：162－163.

[4] 克里斯托弗·斯奈德，沃尔特·尼克尔森. 微观经济理论：基本原理与扩展［M］. 北京：北京大学出版社，2015.

[5] 平新乔. 微观经济学中十八讲［M］. 北京：北京大学出版社，2001：14－25.

[6] 商海岩，董长瑞. 网课的多维视角建设：以研究生中级微观经济学课程为例［J］. 教育观察，2020（11）：41－44.

[7] 孙慧卿.《中级微观经济学》课程的微课程教学模式实践［J］. 教育现代化，2019（10）：153－154.

[8] 吴汉洪，安劲萍. 经济学中的比较静态分析［J］. 湖北经济学院学报，2005（3）：5－9.

[9] 谢超锋. 中级微观经济学混合教学模式探索与实践［J］. 金融教育研究，2016（5）：81－84.

[10] 杨振兵，陈琢. 中级微观经济学的课堂实验与互动机制研究［J］. 大学教育，2018（7）：121－123.

国际经济学课程双语教学的问题与对策研究*

潘双吉**

摘　要：针对提高本科教学质量与学生专业英语能力，双语教学是一个非常重要的手段和办法。教材选择、师资力量、学生外语水平、教学内容与课时是影响国际经济学双语教学的主要因素。因此，应从教材选取、教师与学生激励机制、调整课时和教学内容几方面着手，提高国际经济学课程双语教学水平。

关键词：国内经济学课程；双语教学；影响因素；应对策略

经济全球化与一体化使得国际经贸交流日益扩大，对既擅长专业技术知识又精通外语能力的"复合型人才"的需求也越来越紧迫。教育部早在2001年就提出本科实施双语教学的创新改革以适应时代发展的需要，并且出台了一系列提高双语教学能力、扩大双语教学课程质量体量的指导性意见。国际经济学是国际经济贸易专业必修课程，并且许多财经类高校将此课程定为专业必修课，国际经济学的双语教学对人才的培养提出了更高的要求。

---

* 本文系2020年度辽宁大学本科教学改革研究项目"国际经济学课程双语教学的问题与对策研究"的研究成果。

** 潘双吉，辽宁大学国际经济政治学院，研究方向为国际经济学。

而经济类一流学科课程双语教学的探索也成为高校与国际接轨的重要方式。国际经济学课程设置主要是为了培养具有国际视野、熟悉中国国情，具有扎实专业知识、较好外语水平，精通国际经贸规则和国际惯例的高级人才。一流学科提倡国际经济学双语教学是为了让学生更直接地学习国际经济社会的最新理论和研究成果，紧贴世界经济发生的经济贸易问题，用英语思维进行思考和阅读，掌握跨文化交流和学习能力，服务我国参与全球化经贸往来的高级复合人才。同时，随着中国"走出去"战略和企业对外贸易的深入拓展，出国留学等教育服务贸易也与日俱增，那么在经济学世界一流学科中开设国际经济学双语课程，既是人才发展战略需要，也是社会多元发展的需要。

教育部在《关于加强高等学校本科教学工作提高教学质量的若干意见》中明确规定了本科阶段用双语讲授专业课和公选课的必要性。教育部、财政部、国家发展改革委联合发布的《关于深入推进世界一流大学和一流学科建设的若干意见》也为社会主义现代化强国建设提供了有力支撑。为了迎接这些挑战，以及在学生培养中满足他们的认知和提高外语在专业课学习中的地位、促进专业知识与外语学习的融合，国内世界一流大学和一流学科建设高校纷纷开设双语课程；同时，在开设学科过程中注重双语教学课程数量的扩展和教学效果质量的提升。

一、经济类一流学科国际经济学双语教学的文献综述

国内众多高校专家学者认为，在经济类一流学科的建设中开设国际经济学双语教学实践对于提升学生培养质量十分必要。许多学者对国际经济学开设双语教学中的一些实际问题如教材的选择、师资的配备、教学环节的设定等方面作出了较为全面的分析。范云芳（2020）、武俞辰等（2016）和肖江波（2015）认为，不仅经济类一流学科开设双语教学，而且许多财经类高校均尝试开设双语教学，但最终的教学效果并没有达到预期，在一定程度上受限于教材、教师和学生外语水平问题，以

及教学时间安排及教学内容设定问题等。钟娟（2019）通过现代教学手段采用混合式教学模式探索国际经济学双语教学，利用线上优质资源较好地调动了学生学习的积极性，取得了一定的教学效果，但教师和学生均牵扯大量的时间和精力。李秀娥（2018）通过使用文献导读教学尝试，使学生在国际经济学双语教学中进行参与式学习，符合国际经济学课程设置特征，能够较好地解决双语教学中出现的主要问题。杨志远（2016）、赵维（2015）和刘红英（2014）基于问卷调查法对国际经济学双语教学进行了教学效果分析，针对课程设置、教材应用、课堂教学、线上教学、教学能力、自主学习等环节对学生进行调查，总结双语教学问题，提高和优化双语教学建设方法。

国际经济学双语教学主要以国内学者研究居多，具有中国特色。课程教学中主要包括以下问题：双语教学理念混淆，双语教学课程比例硬性划分，对学生外语程度能力估计不足，将国际经济学双语课堂变成了专业英语课堂。另外，教师双语教学外语水平参差不齐，语言能力不足，难以将专业知识转化成外语输出，"混合式"教学等新式教学方法还需不断完善；双语教材的选择十分重要，国内编写的教材有时晦涩难懂，而外国原版教材内容多、书本较厚，在有限的教学课时内又很难完成等。上述问题严重影响了双语课程的推广和教学实效。

二、国际经济学双语教学主要影响因素

（一）教材选择

国际经济学双语教学选取教材主要采取以下两种途径：一是直接采用外文原版教材，二是采用国内教师自编写教材。直接采用英文原版教材会保留教材内容的原汁原味，教材更新快且紧跟世界学科发展前沿，信息量较大。以某高校世界一流学科的国际经济学教学团队为例，自2004年以来，团队负责人及成员一直采用克鲁格曼撰写的国际经济

学教材，教材的修订和课程体系非常完整，书中案例新、紧跟当今国际经济学发展潮流。但国外原版教材内容太多，阅读量极大，携带不便，价格也很贵。而国内自编国际经济学双语教材很少，究其缘由是受限于教师的外语水平。

（二）师资情况

教师双语教学的外语水平和学识直接关系到教学效果，这是一个非常关键的问题。双语教学教师不仅要有较高的外语水平，能够较流利地用外语讲解书本知识，还要有开阔的专业理论视野，随时把握国内外研究动态，并根据教学需要对教材的内容进行调整；同时，还要灵活采用教学技术和教学方法，调动学生的积极性和兴趣，从而达到教学预期目标。目前我国高校普遍缺乏双语教师，这在一定程度上制约了我国高校双语教学的推广。国际经济学课程虽说具有独立的课程体系，但它融合了"微观经济学""宏观经济学""国际金融学""国际贸易学"等相关知识，模型多，经济学基础知识要求高，逻辑性强。双语教学经验表明，即使使用母语教学，学生要熟悉掌握国际经济学这门课程都不容易，更何况使用第二语言学习专业很强的课程，难易程度不言而喻。

（三）学生外语水平和前期预备知识

双语教学对学生的外语也是一种考验。从家庭到学校，我国对外语学习的投入非常大，但更多是为了考试、升学，而不是把外语当作一种语言、一种交流工具。大部分学生的外语水平仅停留在会做考试题，而听、说、读、写能力普遍较差，这样一来，双语教学常常事与愿违。再加上传统"填鸭式"的教学习惯，学生双语学习的兴趣不大，甚至对双语教学有抵触情绪。国际经济学课程模型多，对前期经济学基础课程要求高。如果前期基础课程学习不扎实，课前不认真预习的话，学生会感觉双语学习非常吃力，课堂上接受、消化所学知识比较困难，无形中加大了学生的认知负荷。

（四）教学内容与课时

高校普遍存在专业课时不断缩短的趋势。双语教学的教学内容较多，即使采用多媒体教学手段节省了大量板书时间，但教师还是无法完整地将课程体系按计划完成。国际经济学双语教学中，图表曲线多、综合性强，明显感觉时间紧，有些前沿理论不敢过多扩展。双语教学有大量专业词汇，由于学生理解普遍滞后，教师往往会增加板书来弥补。尤其是一些重点难点问题，教师需要重复解释等，这些都会影响教学进度，致使教师一方面要赶进度，另一方面不得不削减课程内容，使教学效果不尽如人意。

三、国际经济学双语教学具体实施的应对策略

（一）教材选取

国际经济学英文原版教材比较多，英文教材的选择可以把握以下原则：第一，选用原版外文教材，但篇幅不宜过长；第二，教材内容方面，既要反映国际经济学最前沿理论研究动态，也要考虑中国改革开放的实践。但目前国内没有符合以上要求的教材。因此，教育部门应组织人力编写适应我国实际的国际经济学双语教材。各高校也可以根据高校学科建设的具体情况，组织有实力的教师编写适合本校的国际经济学双语教学教材。

（二）教师激励机制

国际经济学双语教学的教师压力较传统教学大。目前，大多数高校只是通过提高课时系数的方式给予激励，但相对于教师的付出远远不够，还应在以下几个方面激励教师：第一，教学资源和经费支持；第二，交流、培训激励；第三，教学任务减免；第四，调动教师双语

教学的积极性，学校可以在工作量减免、职称晋级、工资调整、出国研修等方面给予合理的关照，建立校际之间双语教学合作和师资共享机制，形成国际经济学双语教学有效的教育教学评价体系；第五，循序渐进，国际经济学双语教学切忌急功近利，要有计划地培训后备教师，宁缺毋滥。

（三）学生激励机制

注重引导学生，营造双语教学氛围。在教学方法上，将英语教学和专业课双语教学结合起来，要学以致用，引导学生积极运用英语语言工具，实现交流交际的目的。注重教学方法改革与创新，鼓励学生融入课堂，踊跃对课堂教学内容和当前经济现状进行评价。

（四）增加课时与调整教学内容相结合

国际经济学双语教学内容丰富、教学任务较多。完成教学计划以确保理论体系完整性，开展课堂互动提升教学效果等，不仅要增加教学时间，也要调整课程内容。第一，增加课时。增加课时可以采取两种方式：一种是从原有54课时调整到80课时。另一种是将国际经济学双语课程分两个学期，第一学期主要讲授第一部分，即国际经济学微观部分，54课时；第二学期讲授国际经济学宏观部分，54课时。第二，调整教学内容。根据不同专业实际，调整教学内容。如果给国际贸易专业、经济学专业和金融学专业讲授国际经济学双语课程，那么这三个专业都应开设"国际贸易学"和"国际金融学"课程。在教学中就可以合理取舍一部分教学内容，如"国际贸易工具和政策"内容就可以省略；"外汇市场""国际货币体系""国际资本市场"等内容简要介绍，但不能不讲，因为后边的"国际宏观经济政策协调"需要这些知识点。这样调整下来，就节省出一些时间。

四、国际经济学双语教学应该具备的双重条件

经济学世界一流学科建设高校的整体教师实力和学生素质相对较强，对于国际经济学开展双语教学提供了非常好的"硬件"环境。以某高校世界一流学科国际经济学教学为例，该校国际经济学教学负责人及团队都是从事国际经济学授课的一线教师，国际经济学的授课具有扎实的经济学理论基础；同时，教学负责人及团队在学习阶段或为英语专业或为出国留学人员，具有较强的英语听说读写能力。

（一）国际经济学教学负责人及团队条件

第一，双语教学对授课教师要求高。任课教师要求具有较深的西方经济学理论功底，并将其贯穿在国际经济学讲授中，还需要用英文及中文通俗、准确地表达。教学负责人和团队具有多年讲授国际经济学和熟练掌握英语听说读写的教学背景，能够胜任双语教学工作。团队教师会根据授课学期的实际情况进行逐步试点。所在高校经济学基地班的同学学习能力强，外语水平高，可以着重以基地班的同学为主要试验对象，并在双语授课试验后，根据学生上课表现进行调整，并在团队内分享教学经验。这样逐步将好的双语授课方式传递给金融专业、国民经济专业、国际贸易专业等，上课学生对双语教学知识的掌握情况才是国际经济学双语教学的核心。

第二，团队教师应定期进行英语和经济学的培训以此提升自身授课能力。教师自身能力的提升对于国际经济学双语教学至关重要。对于致力于双语教学的老师而言，所花费的时间成本是非常高的，因此学科对于团队教师的资助培训也成为不可或缺的一环。

第三，学校应在鼓励教学改革形式多元化的同时，为双语教师提供更多的展示平台和机会，让更多的教师投身于双语教学的工作中，并在职称评定中有所倾向。

（二）国际经济学双语教学学生应具备的条件

第一，学生应具有扎实的数学、英语基础。在国际经济学整个理论体系中需要运用大量的数学模型分析，由于各专业学生高等数学基础掌握能力不同，在双语教学过程中，这些问题会更加突出。双语课程教师在讲授涉及数学推导和分析的部分时应把握外文授课的进度，在授课初期，讲授这部分时先使用英文讲解，并仔细观察学生的反映，如果大部分学生没听懂，再用中文重复，不能操之过急；而模型的推导演示最好使用板书，逻辑分析通过图形、图表等形式利用多媒体演示。某高校经济类世界一流学科招生的生源水平一直很好，学生素质较高，有能力适应双语教学学习环境。

第二，国际经济学专业性强，课程内容难度大。国际经济学教学内容中常会出现多学科交叉的情形。这些不仅给学生带来很大的困扰，也给任课教师授课带来难度。国际经济学一般在大二第二学期开设，这给讲授这门课，特别是有学科交叉的内容带来了不少困难，而用双语教学困难尤其突出。笔者建议在大部分专业基础课程学完之后，如大三开课更科学。某高校教务处按照经济学类一流学科课程设置的合理安排，国际经济学的中文授课在大三开课已经实施。因此，学生能够更好地掌握经济学原理，这样学生学习起来就更得心应手。

五、国际经济学双语教学的教学方法

国际经济学的双语教学改革，不仅体现在教学模式改革，还要求老师进行教学方法的创新，把课程教学内容与国际经济活动紧密地联系起来，鼓励学生运用知识探究现实国际经济问题。

（一）合理运用多种教学方法、手段，调动学生课堂参与的热情

双语教学可采用教师讲授、课堂提问、课外作业、趣味测试结合案

例分析等多种方式，营造轻松的课堂气氛，鼓励学生开口说英语，并尽可能多地给学生机会和时间，尽力减轻学生的课堂紧张感。同时，教学手段上可以借助多媒体技术，可以把难以表述的理论或难度较大的案例、数学模型等采用动画、声音、视频等形式制作成课件辅助讲解，使教学内容直观、趣味、多样。而且，将多媒体课件发给学生，可以引导他们进行自主学习。但要注意多媒体与板书并用，因为用板书进行数学模型推理会使逻辑更加清晰，也更能带动学生逐步深入对理论的理解与掌握。

（二）合理把握双语进度

授课教师为了达到教学效果，应照顾大多数学生的学习热情，根据课程特点，应灵活处理、分阶段推进双语教学。具体为：学期初对于相对浅显的内容实施大比例英文讲授，原理性知识、数学分析推导的过程使用中、英文交替讲解，而后根据学生英语的进步程度逐步推进，逐渐减少中文授课的比例。

（三）尝试多种考核方法并用，真实反映学生的能力和水平

根据课程和教学特点，激发学生学习英文、使用英文的兴趣，应改变当前统一采取百分制闭卷考试的局面，选择口试、笔试、提问、作业、开卷、闭卷、平时、期中、期末等多种测试种类和方法的综合评分制，这样的考核分数不仅能够反映学生的真实水平，还能为主讲教师对每个学生专业外语能力的评价提供确实的依据。

六、国际经济学双语教学注意环节

（一）重视学生的学习效果与反馈，不同专业中、英文授课比例不同

为了让学生在实际应用中提高英语水平，应满足他们的认知欲望，

激发学科学习和英语学习的积极性；同时，开放学生对双语教学的反馈通道，可以通过开展网上调查问卷的形式，对上课效果进行反馈，保证双语教学的教学质量和学生的学习掌握情况。以经济学基地班首先开展双语教学试验，在国际经济学中文授课的同时穿插英文授课，逐步增加英文讲授国际经济学的比重，并根据学生的学习能力适时地调整双语教学中、英文授课比例，不同专业的比例可以不同。

（二）重视由科研向教学科研并重的观念转变

加强学校的重视程度，向培养高水平的双语教师方向迈进。双语教学成败的关键在于教师，双语教学须以教师为基础，主讲老师至少具备外语和学科两门专业知识，因此应加大学校专业设置的改革力度，改变现有的专业设置和课程管理模式，培养双语或多语复合型教师。同时，应加强与国内高校之间、国外高校之间的交流，尽快提高双语教学的师资水平。一流学科建设需要学校将更多的目光投入一线教师的教学工作中，这样才能保证我们的教学和科研在评估中排到前列。因此，以科研衡量一切的观念需要转变，应该教学科研"两条腿"走路。

（三）重视知识点选取不同教材的选取法则

目前，大多数高校使用的双语教材主要是原版引进或影印教材，它们对我国双语教学的发展起到了很重要的作用。但是双语课程主讲教师应根据学生的英语水平、学生专业基础和选择的双语教学的方法找到适合学生的教材；或者以外文原版教材为主，辅以自编讲义、练习题等资料帮助学生理解，使绝大多数学生能够跟上教师授课的节奏，达到较好的教学效果。与其他高校不同的是，本教学将会综合多版本中英文教材，根据知识点进行教材的选用，哪本教材哪个知识点梳理得清晰，深入浅出，就在讲本知识点时选用。本教学主要以知识点来"定点"选择教材。

总之，当今经济学的核心理论和知识来源是欧美国家，国际经济学双语教学会使学生们得到更多的学习和学术训练，同时辅助使用经济学欧美经典教材作为读物，为以后阅读其他外文经济学书籍打下基础。另外，这种教学模式会缩小与国外高校经济学理论研究前沿的差距，提高我国青年进行经济学研究与国际交流的能力。当然，也有助于经管、贸易类专业毕业生在今后工作中掌握外文专业术语，提高国际贸易中与外国人的沟通能力，增强查阅外文资料、参加国际会议、接待外国学者、商人的能力。

参考文献：

［1］陈亚芹．浅析高校国际经济学教学模式改革［J］．商业文化（上半月），2011（8）：263-264．

［2］仇燕苹，王贵彬．提高《国际经济学》双语教学质量的对策研究［J］．河南广播电视大学学报，2010，23（4）：95-97．

［3］仇燕苹，翟仁祥．《国际经济学》双语教学影响因素研究——基于问卷调查分析［J］．河南广播电视大学学报，2008（4）：88-89．

［4］崔艳娟，徐晓飞．基于应用型人才培养的国际经济学教学改革调查研究［J］．黑龙江教育（高教研究与评估），2010（7）：75-76．

［5］蒋兰陵．双语课程教学效果的双因素影响分析——基于《国际经济学》双语课程的问卷调查［J］．新课程研究（中旬刊），2011（6）：104-106．

［6］李秀娥．基于文献导读的参与式教学法在《国际经济学》双语教学中的应用研究［J］．教育现代化，2018，5（48）：278-279．

［7］李源．《国际经济学》参与式双语教学模式探析［J］．济南职业学院学报，2013（5）：65-67．

［8］王铂．国际经济学课程全英文教学探索［J］．对外经贸，2014（2）：150-151，155．

［9］王峰．《国际经济学》课程双语教学互动模式探析［J］．广东外语外贸大学学报，2010，21（4）：103-106．

［10］王威，朱广华．《国际经济学》双语教学实践效果的影响因素研究［J］．科技与管理，2011，13（3）：134-137．

［11］王子龙，许箫迪．国际经济学双语教学的实践［J］．南京航空航天大学学报（社会科学版），2007（2）：93-97．

［12］吴红梅，侯方淼，程宝栋．"高级国际经济学"硕士研究生课程双语教学

的实践 [J]. 中国林业教育, 2016, 34 (1): 25 - 27.

[13] 徐松.《国际经济学》双语教学实践探索 [J]. 教育与职业, 2006 (18): 180 - 182.

[14] 许全胜. 国际经济学双语教学实践的研究 [J]. 鞍山科技大学学报, 2007 (2): 212 - 214.

[15] 杨志远. 国际经济学双语教学研究 [J]. 教育教学论坛, 2016 (23): 152 - 153.

[16] 曾伟, 郑汉金. 国际经济与贸易专业双语教学研究与思考——以《国际经济学》双语教学为例 [J]. 双语学习, 2007 (7): 107 - 109, 112.

[17] 张波."国际经济学"课程双语教学的实践与思考 [J]. 黑龙江对外经贸, 2009 (9): 64 - 65.

[18] 赵维. 基于问卷调查的国际经济学课程双语教学效果研究——以渭南师范学院为例 [J]. 现代商贸工业, 2015, 36 (19): 48 - 49.

[19] 朱坤林. 国际经济学教学实践中存在的问题及对策 [J]. 经济研究导刊, 2011 (13): 238 - 239.

[20] 朱权. 国际经济学课程教学常见问题及应对措施 [J]. 科技信息, 2012 (31): 238.

基于能力培养的西方经济学三阶段案例教学改革

韩 蕾 刘长溥[*]

摘 要：西方经济学离不开案例教学，为了提高学生对经济学理论的理解和运用能力，根据西方经济学教材的内容和特点，以及处于不同学习阶段的学生所积累的知识量和不同学生学习能力的差异，在西方经济学案例教学中实行三阶段案例教学模式。第一阶段为理解能力的培养；第二阶段为运用能力的培养；第三阶段为创新思维的培养。根据不同阶段教学基本目标的不同，选取合适的案例和组织良好的师生互动等实施方式，可以更有效地发挥西方经济学案例教学对学生能力培养的作用。

关键词：能力培养；西方经济学；案例教学；三阶段案例教学模式

一、西方经济学课程特点

作为经济学院与商学院开设的必修课之一，西方经济学主要介绍在

---

[*] 韩蕾、刘长溥，辽宁大学经济学院、辽宁大学数学与统计学院，研究方向为西方经济学。

西方国家广为流行的现代经济理论与经济政策，是一门具有很强的理论性且联系现实的专业基础核心课程（崔继红，2014）。西方经济学课程的主要教学目标是，让学生理解西方经济学的经典理论，并用其分析解决实际问题，掌握市场机制的普遍规律。西方经济学课程的特征主要有以下两个。

（一）理论抽象，数理性强

基于一些特定的假设，西方经济学先分析总结特定的经济现象，并根据经济现实的不断变化，逐步放松假定条件，在此基础上实现经济理论体系的深化和发展，具有较强的理论抽象性。同时，西方经济学课程当中有许多数学推导，运用了大量的图形和数学模型，要求学生必须具备良好的高等数学基础，而不能死背硬记。

（二）理论体系庞大，学派观点众多

西方经济学课程由微观经济学和宏观经济学两部分构成。其中，以新古典经济学作为基本框架的微观经济学部分，包含消费理论、生产理论、竞争理论、垄断理论、一般均衡理论与博弈论等内容；而以凯恩斯主义为基本框架的宏观经济学部分，则包含货币主义、新古典宏观经济学、新凯恩斯主义等不同学派的观点（曹鑫，2017）。但由于西方经济学课程的理论体系较为宏大、学派观点较为丰富，本科生在学习时面临巨大的挑战。

基于西方经济学课程在学科当中的基础性、重要性及其课程特点，同时为了实现提高人才培养质量、培育高素质人才的目标，提升西方经济学课程教学的效果，在教学时要注意摒弃掉抽象枯燥的理论背诵，寻求能够有效提升思维能力的教学方法和教学模式。

二、案例教学法的含义及意义

（一）案例教学法的含义

1880 年，哈佛大学开发出案例教学法，从原来只用于商业领域和

高级经理人的培训实践，演变成为致力于提高公司企业员工综合素质的一种重要方法。直到20世纪初，教育界开始使用案例教学法进行相关课程的教学，如经济学和管理学课程等，在其后的发展过程中，它所涉及的内容不断扩充，所使用的方法也更为完善，而从其中所收获的经验也日趋丰富。由于其深远的影响和教育价值，我国高校教育者也逐渐开始将其作为主要的课堂教学方法之一。

案例教学法能把抽象复杂的经济理论以一种生动形式呈现给学生。学生根据老师的指导，并基于对典型案例的阅读、学习、讨论和理解，形成适合自己的逻辑思维方式，从而加深对理论或原理的理解和掌握，养成独立思考解决问题、举一反三的良好学习习惯，这就是案例教学法（崔继红，2014）。

（二）案例教学法的意义

1. 提升学生学习西方经济学的兴趣

西方经济学作为一门基础课程，一般在大一或大二面向学生开设，因此在大学伊始就应牢牢抓住学生眼球，引导学生主动学习，培养学生对于西方经济学的兴趣。除此之外，大学伊始的学习态度和学习兴趣也将决定整个大学阶段的学习状态，是夯实基础、培养习惯的最好时期。考虑到西方经济学具有与案例教学法相适应的学科性质及特点，若在教学时采用案例教学法则可以使学生在西方经济学的学习中发现学习的乐趣，从而培养其良好的学习态度，便于进行其他相关课程的学习。

2. 加速学生理解西方经济学理论

西方经济学运用了大量的概念和模型，对西方国家几个世纪以来市场经济的普遍发展规律进行了抽象和概述，学生理解起来有一定困难。通过案例教学法可以生动形象地将学生从乏味的基础理论带入有趣的案例分析中，并从中提取出有助于自身理解的原理和理论，不仅能够帮助学生理解掌握枯燥深奥的基本理论，还给学生提供了充足的实际应用案例，有利于学生将课程内容融会贯通，在实际生活中积极思考并运用经济学知识。

3. 培养学生自主学习的能力

熟练运用数学知识并将其与计量知识配合使用，会使得西方经济学的学习效果事半功倍。比如学生在模型推导时，不仅要寻求适当的经济方法进行求解，还要结合数学知识进行公式的演算。借助案例教学法以具体的情景模拟进行讲授，学生在了解具体案例后再运用数学知识进行推导就会容易很多，如此带来的过程印象也比枯燥的数学公式推导更加深刻和明晰。

三、三阶段案例教学模式

虽然案例教学法不管是对提升课程教学的效果，还是培养学生经济学思维能力都大有裨益，但想要有效地使用案例教学法并达到预期效果，还要注意采用恰当的案例教学模式。

（一）分阶段案例教学模式的内涵

针对不同学习阶段学生的知识积累量和学习情况，根据教材的进度安排以及每章节的内容和重点难点，将合理的案例教学目标与相应的教学手段相结合，采取不同的案例教学实施方法，完成案例教学，这就是分阶段案例教学模式（蒙丹，2017）。

案例教学法形式多样，既可以以教师为主导，即由教师在教学时主动提出适应于课程目标和重点的案例，并配以讲解，这对学生能力要求较低；也可以针对某一案例，对学生进行启发式的讨论，课堂主要强调学生的参与，这就要求学生具备一定的理论运用和分析能力。比如西方经济学上册前两章供求理论和消费者理论的难度不大，所涉及的经济现象也与学生的日常生活较为接近，但这一阶段学生对经济学知识的掌握较少，独立分析经济学问题的能力较弱，因此可以由教师主要描述和解释现实案例，帮助学生循序渐进地领会和理解经济学理论。而当课程不断深入之后，教师可以根据教学内容，安排学生参与教学案例的分析与讨论。

（二）三阶段西方经济学案例教学模式的实施

为了提升学生理解和运用西方经济学理论知识的能力，可以将案例教学模式设定为三个阶段。

1. 第一阶段：理解能力的培养

这一阶段教学的基本目标是培养学生理解和记忆经济学理论的能力，主要在西方经济学的教学初期进行。

学习西方经济学的学生主要是低年级大学生，他们观察现实和主动独立思考的能力都较弱，即使学习了相关经济学知识，也无法熟练地将理论联系实际以及运用相关知识进行分析，因此教师应当在这一阶段占据主导。教师在教学过程中提出具有现实性的典型案例，有利于引发学生的深入和广泛思考。学生可以借助教师的讲授，将经济学理论和实际生活中的经济现象联系起来，更加深入地理解相应的经济学理论，同时逐渐学会关注日常生活中的经济现象，并将它们与学过的经济学理论对应起来。学生思考并解决教师提出的问题时，也会逐步培养其运用经济学原理解决实际问题的兴趣，教师与学生之间积极的互动如鼓励夸奖等，也会激发学生对于经济学课程的热情。但在此过程中，教师要注意提出的案例和问题，涉及的经济学知识不宜过于复杂，鼓励学生踊跃参与，逐渐培养学生主动观察现实和思考的能力与习惯。

例如，在学习西方经济学上册微观经济学伊始，教师会讲授机会成本这一概念。生产者将拥有的生产要素用于某一特定生产用途，但若将同样的生产要素用于其他的生产用途则可能会产生更大的收益。因此，可能损失掉的最大收益便称为机会成本，这是西方经济学成本理论中较为重要的一个概念。通俗来讲，就是生产者由于自身选择所需要付出的代价。更广泛地，经济主体在选择所有的经济活动时都会产生机会成本。以学生自己为例，则更能激发学生的兴趣，加深学生的理解。学生在选择读大学时要考虑自己所付出的代价，即机会成本。学生先想到的则是学费，假定学费每年是4600元，学制为4年，则大学所需要的学费总额为 1.84 万元。除此之外，部分学生还会把住宿费和生活费作为读大学所要付出的代价，但这些学生忽略了住宿费和生活费并不只是选择读大学所要付出的代价，换言之，若学生选择了工作而并非读大学，也同样需要付出相应的租房费用和生活费用，所以严格意义上讲，住宿费和生活费并不能称作读大学的机会成本。此外，除了前文提到的学费，读大学还有别的机会成本。若高中毕业不读大学，而选择工作，则会拥有相应的工作报酬，这也是读大学付出的代价之一，这一项极易被学生忽略。假设高中毕业所能选择的工作类型比较局限，以三种比较基础的工作为例计算机会成本：第一项是薪资较低、要求不高的公司文秘，工资 2500 元，工作 4 年收入为 12 万元；第二项是要求较高的宾馆服务员，相应的报酬也较高，为 3200 元，工作 4 年收入为 15.36 万元；第三项是快递派送员，工作比较辛苦但每月能拿到 4500 元，工作 4 年收入为 21.6 万元。根据机会成本的含义，大学 4 年工资报酬的机会成本是从事快递派送员所获得的 21.6 万元。因此，学生选择读大学而放弃工作的机会成本应为 1.84 + 21.6 = 23.44（万元）。

2. 第二阶段：运用能力的培养

经过前一阶段的学习，学生掌握的经济学知识逐渐丰富和深入，学习能力逐渐提高，可以逐步借助案例教学推进教学进程。这一阶段教学的基本目标是，在教学过程中有意识地引导和鼓励学生积极深入参与课堂过程，提高学生对经济学理论和问题的分析与解决能力。这一阶段的教学主要在课程中后期进行。

经过前期教师主导学生为辅的教学模式，教师在这一阶段应当逐步扩大学生在课堂教学中所占的比重，把教师在课堂教学中的角色从课堂主导者逐步转变为推动者、引导者。教师不仅可以提出问题让学生回答，也可以指引学生集中讨论和深入分析案例，同时对学生在思考问题时是否合理运用经济学理论、是否有条理地表达进行评价，最后对学生目前存在的不足提出建议，锻炼学生自主思考的能力。在选择这一阶段的案例素材时要格外慎重，既要选择与教学内容相关性较强的典型案例，也要注意案例的难易程度，选择的案例不能过于难，也不能过于简单。因为如果案例较难，学生会觉得无从下手，难以展开深入讨论；如果案例过于简单，又难以训练和提升学生分析问题的能力。因此，这一阶段配合难易程度适中的案例可以鼓励学生独立思考、激发学生学习的积极性。

例如，西方经济学下册《宏观经济学》中有一个非常重要的概念——均衡产出，它由社会总供给和总需求决定，若总供给或总需求发生变化，均衡产出就会发生变化。经济学中常用国内生产总值来衡量整个社会在一定时期内生产的所有最终产品和劳务的市场价值，也就是GDP。进入新的发展阶段，我国经济增长速度已然变缓，这从GDP增长率的降低可以看出。截至2020年，我国GDP增长率已从2000年的8.49%降为2.35%[①]。分析原因可以发现，我国近年来基础设施和房地产等能够使得经济高速增长的行业已经逐渐到达发展的巅峰时期，社会总需求的增长速度持续回落，由于汇率上涨等客观因素的存在，我国产品的出口也变得愈加困难，进而导致总需求的增长速度和增长幅度都持续降低。想要改变这种现状，需要平衡总供给和总需求之间的关系，实现均衡产出。但目前重化工业的供给侧结构性改革与总需求的调整速度不匹配，表现为严重的产能过剩，也就是总供给大于总需求，如煤炭、钢铁、石油等行业，这样既浪费了企业的生产资源，也使得供求关系无法达到平衡。因此，要实现社会理想的均衡产出，除了不断刺激总需求的增加，还要坚持供给侧结构性改革。要根据社会总需求平衡产业结构，将效率低下、产能落后的企业淘汰，引入设备先进且注重创新的企业。企业要根据社会需求量调整产能，根据消费者的需求调整企业生产，在制造产品时注重创新，把控产品质量，丰富产品类型，平衡产业供给和消费者的真正需求。

3. 第三阶段：创新思维的培养

这一阶段以培养学生自主分析能力、提升学生经济学创造性思维能

---

① 快易理财网. 中国历年GDP年度增长率［EB/OL］. https：//www.kylc.com/stats/global/yearly_per_country/g_gdp_growth/chn.html.

力为主要教学目标，主要体现在教学后期。

进入课程学习的最后阶段，课堂教学应当不拘泥于传统由教师提供案例素材、学生讨论分析的教学模式，学生也应当积极主动地根据课程安排和教学内容提出一些日常生活中遇见的案例，并将其与所学的经济学理论相结合，构建创新型典型案例。在此过程中，教师可以通过分组，让学生通过自我观察或收听收看媒体新闻等方式，根据自己所学的经济学理论提出案例，由师生共同讨论，引导学生关注经济时事和经济现象，提升学生的主动学习兴趣和创新思维能力。

例如，由本人指导的学生所撰写的论文《税收负担、消费环境与居民消费》获得2017年辽宁大学经济学基地论文特等奖和2017年国家经济学人才培养基地学生优秀论文奖。其思想来源于学生在学习宏观经济学时基于税收对消费影响的思考，并进一步通过观察现实，分析消费环境对税收负担与居民消费的关系的扭曲。由本人指导的多位学生撰写的《e聘到位》，在2017年参加了第八届"工商银行杯"全国大学生金融创意设计大赛并获得辽宁分赛区优秀奖，其思想来源于对微观经济学信息不对称案例的思考和讨论，进而分析在工银E校园旗下，利用校内现有资源而打造的一款具备安全性、高效性、便捷性且贴近大学生群体特点的个性化大学校内垂直兼职平台，在为大学生找到好兼职的基础上，为大学生提供一系列金融增值服务。

总之，经过多年西方经济学三阶段案例教学模式的探索和实施，学生对经济学理论的理解和运用能力不断提升，学生反映效果良好。指导的多名学生获得了经济学基地奖、大学生创新创业奖、"工商银行杯"全国大学生金融创意设计大赛奖等，且多名学生因为成绩突出与获奖被保送到了名校读研。

参考文献：

[1] 曹鑫. 基于创新创业的西方经济学案例教学与参与式教学探索 [J]. 教育现代化，2017，4 (17)：134-135.

[2] 崔继红. 西方经济学案例教学的本土化探索 [J]. 科教导刊 (上旬刊)，

2014（21）：139-140.

[3] 刘旺霞，夏力．西方经济学教学方式方法及改革研究新进展［J］．湖北第二师范学院学报，2015，32（1）：102-106.

[4] 蒙丹．基于能力培养的西方经济学案例教学模式研究［J］．教育教学论坛，2017（43）：178-179.

[5] 杨玉敬．应用型高校《西方经济学》课程的教学改革与创新实践［J］．高教学刊，2019（18）：27-29，32.

[6] 张艺．应用型高校《西方经济学》课程教学改革研究［J］．黑龙江教育学院学报，2019，38（11）：41-44.

[7] 周琳．服务地方经济视域下的西方经济学教学改革初探——以山西应用型本科院校为例［J］．大学教育，2022（9）：232-234.

[8] 周小寒．西方经济学参与式教学模式研究——基于自主学习能力培养的视角［J］．大学教育，2018（7）：124-127.

基于数字时代的劳动经济学教学模式创新研究*

由 雷**

摘 要：劳动经济学是应用经济学的重要组成部分，在现代经济学中具有突出的位置。面对数字化时代对教育教学的新挑战新机遇、建设"世界一流大学和一流学科"的大趋势，本文系统地梳理了数字经济与数字技术的特点，以及数字时代劳动经济学的课程价值与教学价值，科学厘清当前劳动经济学教学模式存在的传统羁绊，以及创新的动力支持和外部环境，助力劳动经济学教学模式的高质量发展。

关键词：数字时代；劳动经济学；教学模式创新

技术创新是社会进步的重要引擎，随着数字技术的迅猛发展，数字时代已经到来。数字技术的创新发展不仅给经济社会带来了源源不断的动力，对教育领域也产生了一系列颠覆性影响，驱动教育模式、教育组织形态、教育方法、教育理念等的转型与创新。早在2015年，习近平总书记在致国际教育信息化大会的贺信中就强调："因应信息技术的发

---

* 本文系辽宁大学本科教学改革项目"数字时代经济类创新创业课程混合式教学研究与实践"的阶段性成果。
** 由雷，辽宁大学经济学院，研究方向为产业经济学。

展，推动教育变革和创新，构建网络化、数字化、个性化、终身化的教育体系。"① 在新的时代背景下，劳动经济学作为高等院校经济类管理类的专业核心课，面对面单向灌输式现场教学模式已难以满足成长于数字知识与技术弥散性社会的学生的多元化学习需求。基于此，需要深入思考当前劳动经济学课程教学存在的问题，充分意识到数字化冲击的影响，积极推进劳动经济学教学模式的创新与改革。

一、数字时代劳动经济学的价值重构

（一）数字时代的经济与技术特点

数字时代产生了数字文明，数字文明又归因于数字化的生产方式，是由数字技术、数字经济、数字文化、数字社会四个方面构成的整体。换言之，数字文明是在大数据、互联网、人工智能等数字技术的主导下，使得人们生活方式呈现出数字化的生产方式、社会制度以及各种数字需求。

数字技术是当今各国竞争与博弈的关键，也是驱动经济高质量发展的关键，正视数字文明的潜在矛盾、建构文明和谐的数字化全球秩序也成为各国经济社会发展所面临的重要战略问题。后发国家在产业创新发展过程中对数字技术与数字资源的有效运用为其带来了技术创新的"机会窗口"，使其在诸多领域实现了突破性创新，逐渐拉近了与发达国家的差距，数字技术逐渐成为后发国家突破技术壁垒与封锁的关键手段。

数字经济于1994年首次被提出，发展近30年，已经成为新一轮科技革命和产业变革的重点技术，主要以大数据、云计算、人工智能为代表的新一代数字技术开始快速渗透经济社会的方方面面，给人类的教育、科研、生产、社会治理等方面带来了深刻的影响，经济社会也已经

---

① 习近平书信选集　第一卷［M］. 北京：中央文献出版社，2022：52.

步入了深度数字化的时代。数字经济主要是从数字技术的角度界定的经济形态,从经济增长的角度来说,技术与资本、劳动力等社会生产要素息息相关,不是独立变量。所以,各个时期的数字经济具有一定的时效性,与当时的经济社会关系紧密,数字经济也是因为数字技术革命对经济社会带来的巨大变革。特别是新冠疫情暴发以来,在数字技术赋能下,数字经济蓬勃发展,表现出了强大韧性。数字技术不仅深入人们生产生活的方方面面,其在教育领域的广泛应用,也使得其对教育的发展产生了放大和倍增作用。

(二) 劳动经济学在数字时代的课程价值与教学价值

1. 课程价值

劳动经济学的第一本教材是由美国学者布拉姆于 1925 年编写的,该教材涉及了有关就业、工资、失业等劳动关系的内容,以芝加哥大学为首,其他高校陆续开设此课程。随着我国市场经济的快速发展,与劳动力相关的问题也逐渐显现,为有效解决我国市场经济中的各类问题,我国高校于 1987 年开始采用弗里曼、霍夫曼等撰写的劳动经济学教材,并开设了本门课程。我国的劳动力经济学自开设以来发展迅速,国内教材主要以劳动力市场为核心撰写且已经出版的教材达 30 多种版本,曾湘泉、杨河清、蔡昉都编著了各具特色的劳动经济学,其中能够看到其对就业、收入分配和工资等社会焦点问题的考量。这些教材主要在西方学者的研究基础上,借鉴西方劳动经济学的基本理论,并结合我国劳动力市场发展特点撰写而成。"劳动力经济学"课程形成了涵盖教材编写、教学模式、课程覆盖等多方面的教学体系,成为社会保障学、应用经济学和人力资源管理专业的专业核心课程之一,具有重要的学习价值。步入数字时代,加拿大教育专家托尼·贝茨博士在专著《数字化时代的教学》中提出,教育因数字化时代的到来将"发生根本性的变化"。劳动经济学是伴随劳动力市场发展和制度建设而产生的学科,数字技术对市场供求、生产等劳动关系的广泛影响,更加体现劳动经济学课程价值的重要性。

2. 教学价值

近年来，劳动经济学在院校、师资等方面取得了长足的进步。我国较早设立本课程的高校有中国人民大学、首都经济贸易大学等。由于劳动经济学涉及劳动力供给与需求、劳动力市场均衡等方面的实证与规范分析，本门课程的理论性比较强，在教学过程需要进行深入剖析。通过劳动经济学的教学，可以帮助学生了解劳动力市场的各项内容，有助于学生未来在工作选择中进行科学理性的决策。由于学生在进入高校完成学业后，必将走进劳动力市场，因此劳动经济学可以帮助学生了解劳动力市场都需要什么类型的劳动者。对于工资方面的学习，可以帮助学生了解与切身利益相关的法律法规和基本制度，以及如果遇到问题的相关解决办法，有助于整体劳动素质的提升。课程中的失业、劳动力流动等理论能够帮助学生们了解社会制度环境、市场竞争程度、产业结构变迁等与劳动力市场相关的一些理论知识，帮助学生更加明确未来计划从事的行业、职业以及工作的地区。通过人力资本投资理论的学习，可以帮助学生理性决策毕业后是继续攻读学位还是就业、执业资格考试对就业的影响有多大、到北上广深等一线城市打拼还是在二线城市找一份稳定性强的工作、个税调整将如何影响劳动者的劳动供给数量、引进外国劳工会不会对本地就业造成冲击等问题。

二、当前劳动经济学教学存在的传统羁绊

（一）课程设置方式传统，教学价值被低估

在当前以大数据与人工智能等技术为主导的数字时代背景下，劳动经济学的课程仍以"十一五"时期的经济社会为主要背景，课程内容中涉及最新的技术与经济发展趋势较少，前沿理论与当前经济社会结合不足。而在当今技术快速发展的大趋势下，亟须更新与研究社会经济体制、产业结构等问题，以及如何调控与合理配置劳动力市场，包括就

业、工资、劳动关系的转变等新变化。特别是随着我国城镇化的迅速推进，劳动力城乡流动、劳动力雇用、户籍制度、社会保障等问题日益凸显，劳动者、企业、政府三者之间的协调关系，老年人力资本与技术创新的关系等问题也成为劳动经济学关注的重点与热点问题。对此，关于我国劳动力市场、就业、收入分配等理论均需要较为深入的分析，但是现在大部分学校的劳动经济学课程仍然停留在基础理论的介绍与陈旧问题的探讨上，对于国际的前沿理论以及结合全球经济发展的最新研究介绍仍有待加强。对应劳动经济学的课程价值而言，当前教学价值也被低估，需要引起各方面的重视，学校在增加课时量的同时，还需要教师从最新教学案例选择、信息化与智能化教学模式创新、多样化考核方式等方面予以努力，将课程价值发挥到最大化。

（二）教学理念、教学方式与数字时代不适应

传统的教学方式主要由教师讲授，教师对某个专业领域知识具有专业性，也表现出权威性，而学生是传统教学方式的被动方，主要依赖教师的教导学习各类知识、技能、规范、法规等，从而最终形成完整的价值观与世界观。但是，随着新技术的快速发展，信息科技革命的不断深入，具备知识优势的教师的权威性也有所改变。互联网等信息技术的普及，使得学生们可以通过笔记本电脑、手机、网络教育平台等各种各样的学习工具与渠道快速查询与学习全国乃至全球顶尖学者与教师的精品专业课程与前沿学术科研成果。同时，学生还可以对自己感兴趣的其他专业课程进行学习，成为复合型人才，而不单局限于教师在讲台上上课的单一学习方式。所以，对于当下已习惯实时搜索、多线程处理信息的数字时代的新型学生，以往线性传播专业知识的独白式讲课模式，俨然已不能满足学生们的学习需求。面对数字时代的经济变革与技术创新，学生的主体地位、个性化的学习需求不断得到重视，但是我国很多高校对于劳动经济学的教学方式仍然使用课堂讲授的唯一模式，虽然翻转课堂、网络学分课程、终身学习、技能分享等新的教学理念与教学方法层出不穷，但是实际应用中却与教师方式并未达到合理匹配。

（三）缺乏数字化的资源与有效利用

为应对数字信息技术的快速发展，我国出台了《教育信息化2.0行动计划》，明确强调了"构建网络化、数字化、智能化、个性化、终身化的教育体系"。但是现在高校的劳动经济学教学资源数字化程度有待提升，互联网平台上有关本课程的数字化资料也有待增加，且呈现方式也有待多样化。因为，只有具备完整、丰富的数字化资源，才能为智能化的教学提供基础数据，才能够根据学习者的需要进行数字化与智能化检索，并将检索到的成果以最适合的形式呈现出来。如果没有完整的数字化资源，智能化就缺少了可以产生智能的土壤。

但是有些高职院校很早意识到劳动经济学数字化与智能化教学的大趋势，在国家的大力扶持下引进了多媒体与数字化、智能化教学设备，极大地丰富了本校教学资源，然而在实际数字化与智能化教学设备却未能达到充分利用，造成了教学资源的浪费。这主要有两个方面的原因：一是部分教师习惯于传统的教学方式，并已经积累了许多这方面的教学经验，排斥改变教学模式，缺乏创新与探索的精神；二是部分教师对于数字化与智能化教学设备的操作不熟悉，对数字化教学资源不了解，导致在使用过程中效率较低，久而久之便放弃了数字化教学，使其并未得到科学有效的运用，没有与时俱进。

三、数字时代劳动经济学教学模式创新的主要途径

作为大部分经济类专业的必修课，劳动经济学在传统的教学模式方面有必要进行针对性的创新与改革，不仅会有助于学生更加系统地学习理论知识，深刻认识我国劳动力市场现状及未来发展趋势，对当今劳动力市场的现象和相关政策作出科学的解释和理解，还有助于本科"双一流"专业体系的建设，提高教学研究平台的高度与创新性。

（一）独白式授课转向探索式授课

在数字时代，不仅是劳动经济学的教学模式需要改变，而且高校的传统教学模式也需要适度创新。传统教学中主要采用教学时间＋教学地点相结合的教学方式，而数字化时代的教学模式可以给学生提供更多的学习方式和平台。例如，从单一的独白式授课转向多维的探索式授课。在美国，各大高校的教学模式早已实现了从"概念—分类—历史—属性—未来"的单一线性方式，转向为"观察—移情—发现问题—调研—查找文献—寻找答案—验证答案"的多维度螺旋方式，新型的教学模式可以有助于学生们带着探索的思路，通过教师引导加自身投入的方式，深入了解课程中的知识脉络、理论规律和课程背后的社会价值与学术价值。

（二）积极搭建数字化教学平台

随着互联网、人工智能、大数据等技术的发展与普及，当今的大学生对电子设备、数字资源、宽带网络的应用更加深入，因此，可以借助互联网等信息技术搭建数字化教学平台。新冠疫情导致的居家线上学习逐渐普及，在线教育的快速发展，使得教室也已经不再是唯一的学习场所。建设以学生为中心的数字化、智能化教学环境，适合任何地点、任何时间教学，已经是大势所趋。该种教学平台不仅能够保证学习进度，还可以随时随地交换数据，进而可以通过大数据科学分析与了解教学效果与教学效率。

（三）畅通安全的网络化

畅通安全的互联网是保障数字化教学模式创新与改革的基础。在数字化教学过程中，不仅要保证受教育的学生们所使用的设备都可以顺利接入网络中，还要保证教学过程中的安全性，如个人信息、相关数据、某些教学内容不能被泄露的问题。目前，有些高校通过"三通两平台"的建设，基本都实现了畅通的互联网，保证了教室与学生们的网络学习空间。但是与教学模式的数字化创新需求并未完全匹配，还需要继续升智能化，进一步加强网络的链接速度和质量，根据大家不断变化的教学与学习需求保持升级更新，不仅要重视硬件建设，也要重视软件和服务建设。

（四）完整资源的数字化

随着科学技术的不断发展，智能化研究也逐渐向各领域蔓延，在现代化数字高校课程建设过程中，智能高效的教学是努力的方向，也是大势所趋。完整资源的数字化，是指在互联网上可以找到所需要的任何信息，并且这些信息还能够以学习者喜闻乐见的形式呈现出来（马开颜和任心燕，2019）。现在大家所说的数字化资源，通常被认为是学习中使用的动画、视频、音频、图片、文字等，是学习的内容；而事实上，数字化资源不仅是学习的内容。我们这里提到的完整的资源，是指在学习过程中所涉及的全部内容，而学习的内容只是其中的一部分。虽然智能化硬件层出不穷，但是在我们不断的使用、对比与应用效果检验的过程中，作为教师则需要思考讲授课程所需数字化资源的完整性。教师应在当前多媒体教学平台的基础上，不断尝试、创新各种新型教学方式，并逐步将各种客观因素考虑其中，探索本门课程所需要的简洁、实用且完整的数字资源体系。

参考文献：

[1] 白玉华. 劳动经济学在应用型本科院校教学中的价值重构 [J]. 科技风，2020（30）：49-50.

[2] 陈杰，周宁，吕文慧. 财经类高校劳动经济学课程教学改革研究 [J]. 大学教育，2018（2）：115-117.

[3] [加] 托尼·贝茨. 数字化时代的教学 [M]. 刘永权，武丽娜，译. 北京：中央广播电视大学出版社，2016.

[4] 李长江. 关于数字经济内涵的初步探讨 [J]. 电子政务，2017（9）：84-92.

[5] 李晓曼，张领. 劳动经济学卓越课程建设与教学效果提升研究 [J]. 劳动

保障世界，2018（5）：76-77.

［6］吕欣. 信息时代的美国高校教学模式与管理机制管窥［J］. 北京教育（高教），2018（6）：89-91.

［7］马开颜，任心燕. 教育智能化的目标和效果［J］. 北京宣武红旗业余大学学报，2019（2）：37-42.

［8］孟庆时，余江，陈凤. 深度数字化条件下的突破性创新机遇与挑战［J/OL］.［2022-03-15］. 科学学研究：1-16.

［9］王俊鹏，贾立伟. 多媒体教学平台智能化研究［J］. 中国教育技术装备，2016（12）：52-53.

规制经济学研究生课程教学改革的路径探索[*]

杨 霄 曹艳秋[**]

摘 要：新时代下习近平总书记对研究生教育工作与人才培养提出了更高的要求，高校亟须改进专业课程教学方式，探索课程教学改革的新路径，不断提升课程教学质量。规制经济学课程作为一门理论性与应用性兼备，且实践性较强的专业必修课，须进行教学改革，以更好地适应新的经济环境和市场发展。本文在总结规制经济学课程特点的基础上，从教学方法、教学考核改革等方面探析规制经济学课程改革的路径。

关键词：规制经济学；研究生课程；教学改革；路径探索

一、课程介绍

规制经济学是研究生阶段规制经济学专业的核心课程之一，也是二级学科产业经济学下的一个分支，又被称为管制经济学。具体而言，规

---

[*] 本文系辽宁大学研究生优质在线课程建设与教学模式综合改革研究项目"规制经济学在线开放课程建设研究"的阶段性成果。

[**] 杨霄、曹艳秋，辽宁大学经济学院，研究方向为规制经济学。

制经济学是运用经济学原理和方法对政府规制活动进行系统研究的一门科学，其规制目的是在资源稀缺的前提下，采取适当的规制行为以实现资源的合理配置、利益主体之间的利益均衡和整体福利的增加。规制经济学课程主要讲授政府规制的基本原理、政府规制的类型、政府规制的实施方式、政府规制的经济影响。此外，还会涉及政府规制的法律和政策分析、政府规制的经济效率分析、政府规制的政治经济学分析等内容。

规制经济学作为其专业的核心课程，大多开设在硕士二年级，多为2~3学分，54学时。本校采用的规制经济学教材是由王俊豪主编、高等教育出版社出版的《管制经济学原理》。从本校教学要求与该教材的内容体系来看，规制经济学的教学内容包括以下四个部分：第一章~第二章为第一部分，介绍规制的基本概念、特点以及规制的经济学分析（3课时）；第三章~第六章为第二部分，其主要内容是经济性规制的基本理论和规制方式（18课时）；第三部分为第七章、第八章、第九章，主要介绍社会性规制的基本内容，涉及食品、药品和医疗服务等行业规制（15课时）；第四部分为第十章~第十六章，主要内容为反垄断规制以及规制在电信、电力、铁路、自来水与金融等行业的规制情况（18课时）。因此，该课程具有以下特点。

第一，教学内容涵盖广，跨学科难度。由于规制经济学课程内容主要围绕着政府对企业、行业等经济主体的规制作用，因此该课程不仅要求学生掌握供求关系、市场失灵等微观经济学原理知识以分析市场结构，为政府进行规制提供理论基础，同时还需学习公共经济学、产业组织理论等相关知识来进一步评价政府规制的效果以及政府规制的有效性。这就要求学生不仅要掌握本学科知识，还要掌握其他相近学科知识，这无疑对学生的学与教师的教都提出了较高的要求。此外，为了更好运用经济学分析框架分析政府的各种规制政策对市场主体的影响，学生还要了解政府的监管机构职能及其相应的规制政策，这会涉及法律、政治、环境等其他学科。

第二，应用性与实践性强。规制经济学的实践性强是因为其更注重实践，聚焦于用理论指导实践。规制经济学作为研究政府对经济活动的规制与监管的一门学科，侧重于研究如何有效地通过政府政策和法律来解决实际问题，并根据实际情况来制定政策，以解决经济问题。另外，规制经济学的应用性强也是因为它不仅需要考虑政策的实施问题与实施政策的可行性，由于规制和监管活动的实施往往受到政治和政策的影响，而政治和政策的变化又往往是不可预测的，导致在实践中很难预测到这种规制和监管活动的结果，因此也要考虑到政策的社会影响，以及政策实施的政治风险，以确保政策的有效实施。

第三，与中国实际相结合，具有中国特色。改革开放以来，中国逐步由传统的计划经济体制向市场经济体制过渡，国有制作为中国早期解决市场失灵的制度性安排，在市场经济中的低效率逐渐显现。因此，为适应市场经济的需要，缓解国有企业垄断所导致的低效率，中国于20世纪90年代初开始强化竞争机制与推行民营化。但一定数量的民营企业也会具有垄断力量，形成新的市场失灵，而政府并不能采取过去管理国有企业的方式以应对民营化所形成的市场失灵，因此规制（管制）成为新的政府职能，规制经济学也开始在中国兴起。

中国的规制经济学教材并不同于国外教材，其具有中国特色。国外规制经济学是以西方自由市场经济为基础，以建设自由市场经济为目标，实现所谓的西方民主社会。中国规制经济学在基本理论上借鉴于国外教材，但其主要内容是源于中国规制实践，其课程所培养的人才最终也是要服务于中国规制实践。从演进历程上看，中国规制经济学的产生、发展与政府机构改革及监管体系变迁是密不可分（和军，2019）。如政府机构变迁、国家重大政策出台等会影响着规制经济学的研究方向与发展，而优秀的研究成果不仅会服务于专业教材，在一定程度上也会影响着政府相关政策制定。因此，中国的规制经济学是结合中国实际、适应中国国情、分析具有中国特色的规制问题。同时，它也是以社会主义经济为目标，实现公平、公正、公开的市场环境，推动社会主义市场经济建设，并致力于完善和发展具有中国特色的规制体系。

二、课程教学过程中所存在的问题

(一) 教学方式传统化、单一化

首先,规制经济学作为产业经济学的分支学科,不仅具有较为丰富的理论体系,其应用性与实践性的特点也较为明显。相较于本科生教学倾向于构建学科理论知识框架,研究生教学则更加注重理论联系实际,以本科阶段所学的理论框架体系来解决现实中的经济问题。但现阶段大多数高校仍采用"PPT+教材"的传统教学方式,老师在课堂上不停地讲理论、推公式等,学生不断地听,老师一味地讲。这种"灌输式"的教学方式可能会给学生带来消极怠学的情绪,极易使学生对课堂产生枯燥感,既不利于培养学生对于现实问题进行经济学思考的主动性,也可能会导致其对理论知识理解的片面性。同时,教师过于依赖课堂讲解,缺乏课堂互动和学生参与的教学方式不利于学生对经济学原理及现象的理解,易导致学生主动学习经济理论和探索解决经济问题的积极性下降,从而影响学生运用多学科知识综合分析和解决问题能力的提升。

其次,课程教学缺乏实践性,学生难以将知识应用于实际。在当前的规制经济学研究生培养模式下,课程实践性不足是一个十分突出的问题。作为规制经济学研究生,应对国内外不同产业规制政策与其产业发展有着十分敏锐的洞察能力,能够对这些产业的规制的优劣势与规制政策的完善有自己独到的见解,但显然当前规制经济学研究生培养中缺乏对这方面的教育培养。一方面,这可能是由于规制经济学的课程主要内容是研究规制经济学的理论,如政府政策、市场机制、竞争政策等,这使得课程的理论性太强,教师对学生进行实践性教学的可操作空间相对较弱;另一方面,目前规制经济学课程教学方法主要采用传统授课方式,而实践类教学方法由于费时或较难评价学生学习效果等原因较少被高校教师采用。

最后，教学效果评价以偏概全，考试评估方式单一，缺乏对学生学习效果的多样化评估。传统的规制经济学课程教学效果评价侧重于测试和评价学生对于该课程整体知识点的掌握情况，而期末考试是评估学生学习情况简单而有效的手段之一，且这种考核方式也能提高教师的工作效率，因此，以期末考试为主、平时评价为辅成为高校教师普遍青睐的教学效果评估方式。但这种单一的考核评估方式一方面会导致学生们仅关注考试成绩，忽视对经济学理论的深入研究和实践探索，从而降低了学习的效率和效果；另一方面也会使学生们忽视经济学的实践应用，只关注理论知识，从而限制了学生们经济学知识的深入学习和应用。这种评价模式显然无法全面客观地反映教师的教学效果和学生的学习效果。

（二）课程思政融入不足

课程思政的目的在于坚持立德树人，把思想政治工作贯穿人才培养全过程，培养专业精湛、信念坚定、思想健康、德智体美全面发展的社会主义建设者和接班人。习近平总书记曾指出："要挖掘其他课程和教学方式中蕴含的思想政治教育资源，实现全员全程全方位育人。"[1] 研究生教育作为培养高端人才的重要阶段，更需要在经济学专业课程中融入思想政治教育。但目前规制经济学课程思政融入不足，因此加强课程思政教育有其必要性。具体来看：一是纠正目前高校研究生教育重智育轻德育的趋势。当前，研究生教育存在重知识技能传授、轻德育的现象，难以实现思政教育在专业课程中的合理嵌入与教书和育人的有机统一。从教材内容来看，现有规制经济学教材所涉及的思政内容较为匮乏，专业知识与思政教育无法有机结合，阻断了研究生在教学过程中接受思政教育的有效途径。同时，在现有规制经济学课程的教学中，思政教育缺乏深度与实施力，既难以对学生们的思想和行为产生深刻影响，也无法将课程中进行的思想道德教育转化为学生们的实际行为。从教学理念来看，高校教师更注重对研究生专业知识的讲授，对思政教育的重

---

[1] 习近平. 论党的青年工作[M]. 北京：中央文献出版社，2022：194 – 195.

视程度不够，缺乏对学生思想道德建设的关注。即只做到了"教书"，而未完成"育人"，违背了课程育人与立德树人的教学理念。二是培养研究生拥有坚定正确的政治方向与真挚深厚的爱国情怀。一方面，在信息飞速传播与社会多元化思维冲击下，研究生易受到负面思想的侵蚀，从而产生片面、消极的价值观。另一方面，规制经济学的主要内容源自西方，具有宣传资产阶级意识形态与西方价值观色彩的一面，可能会引起学生非理性地全盘推崇西方价值观与盲目地崇洋媚外的思想问题。因此，实现专业课程与思想政治理论课有机结合显得尤为重要。

三、课程改革的具体措施

（一）优化教学方法，加强案例教学

结合规制经济学学科的建设和人才培养目标、能力要求，构建多层次、多形式的案例教学模式，采用理论与实践相结合的教学方法，解决本专业实践教学所存在的问题。规制经济学课程可采用导入式案例、穿插式案例和专题式案例三种形式的案例教学法（向丽，2022）。

在课程初期采用导入式案例教学法。导入式教学法仍以教师为主导，主要通过在授课前布置现实中的经济问题，让学生主动查阅相关文献资料，并建立起经济理论与现实经济现象之间的联系，学生可通过自身体验或对相关事件的观察，加深对抽象经济理论和原理的理解。这种导入式案例教学法虽然不能很好满足学生综合能力培养要求，但在规制经济学教学初期是较为适用的。因为案例教学应该是阶段性的，以学生为主导的专题式案例教学须建立一定的条件下，如学生具备扎实的理论知识储备，并具有逻辑思维较强的分析判断能力（蒙丹和姚书杰，2013）。

在课程中期，教师采用在理论中穿插适当案例的教学方法，主要通过在理论讲授中穿插适当的案例。在各章节理论学习过程中，教师通过

穿插与该单元内容相匹配、难易适度的案例，引导学生对该单元的教学内容建立有效的认识。如在介绍社会性规制章节，教师可引入中国新一轮医疗改革下的医疗服务价格管制，引导学生思考旧医改与新医改下医疗服务价格管制的优缺点，并探讨其规制的有效性。穿插式案例教学法能够使学生真正参与教学过程，把基本理论与实际案例有机结合起来，有意识、有目的地训练学生运用所学经济理论分析问题、解决问题的能力。

在课程末期，专题式案例教学法将使教师将由课程主导者变为参与者、组织者和协调者，而学生将成为教学活动的主体和中心。在该教学法下，教师将在课程中扮演局外人、引导者的角色，调动学生来完成整个案例分析，促进学生之间各种观点的碰撞，引导学生自己去发现经济生活中的典型案例，根据所学知识构建案例、创新案例，最终对案例进行分析，并提出创造性的解决办法。专题式案例教学法能够培养学生对经济现象的观察能力、对经济问题的发现能力和独特的思考能力，它不但要求学生能够运用经济理论分析问题，更强调学生能够发现新问题和提出新方法。

（二）加强课程思政

在研究生教学过程中，加强学生思政教育也是必不可少的一个环节，通过传授专业知识与思政教育的有机结合，实现规制经济学课程的协同育人机制。第一，突出社会责任意识，强化伦理道德教育。老师作为学生的引路人，在教学的第一堂课就应强调规制经济学专业学生需要明确自身的社会责任，理解其所学知识在维护市场秩序、促进社会发展方面的重要作用。同时，加强伦理教育，引导学生了解规制经济学的伦理准则，既要着重突出公共利益，也要强调政府规制行为的必要性和重要性，提高自身职业道德素养。

第二，课程内容融入马克思主义哲学，树立正确的价值观和方法论。马克思主义哲学有利于学生坚定习近平新时代中国特色社会主义思想，使学生形成科学思维方式，也有助于提升学生全面分析复杂产业经济问题的能力。如在讲授中国电信、电力等行业规制时，首先介绍重点规制政策的重要性，即在中国现行体制下，对部分行业采取的监管规制措施对于行业发展是具有促进作用的，并且也为企业及人民在生产经营、生活服务提供了种种保障。同时，在对规制政策进行评估时，必须坚持一切从实际出发，全面看待问题，减少或避免仅从经济视角对规制政策的优劣进行简单评价。

第三，改变教师传统授课理念，提高教师思政教学融入能力。强化规制经济学课程思政建设，并不意味着要弱化和降低专业知识的传授与学习要求，而是要做到课程讲授和思政建设的相互融合、相互促进，实现学生专业知识和道德素养同步提升。此外，在对学生进行思政教育的同时，授课教师也要根据国内外规制经济理论和实践发展，主动学习提高自身专业知识素养，并不断提高教师自身专业能力与课程思政内容融会贯通的能力。因此，教师不仅要关注规制经济学学科的前沿发展动态，也要认真学习与领悟党的报告、国家政策等重要时政，并将与课程有关的思政素材收集整理，并最终以案例、分组讨论、课程论文等多种形式将思政教育元素融入相关教学内容中。这些措施能够培养学生坚持坚定正确的政治方向与真挚深厚的爱国主义情怀，增强学生对中国特色社会主义的道路自信、理论自信、制度自信、文化自信，自觉肩负起中华民族伟大复兴的责任和使命，为学生成为合格的规制经济学专业人才打下基础。

（三）改革课程考核方式，优化教学考核结构

科学完善的课程考核机制不仅促进学生综合能力的提升，也是对教学质量更全面与系统的评价（吴友群和廖信林，2021）。规制经济学课程考核的功能在于导向、检验、评价与反馈，而以往的规制经济学课程考核采用平时成绩（30%）与期末成绩（70%）相结合的方式，这种考核体系容易造成学生平时学习不认真，期末考核前突击学习的状态，不利于学生学习能力、分析能力和实践能力的提升。因此，规制经济学课程应加大对学生学习过程的考核力度，将平时成绩分为出勤率、案例

讨论、小组作业、论文汇报4个部分，并设定各部分占比分别为10%、40%、20%、30%，同时降低期末考试比重至50%。

（四）发挥基层教学组织作用，开展研讨教学活动

人才培养的核心抓手是课程，课程建设的核心抓手是基层教学组织——课程组。规制经济学课程的教育教学改革能否实现有效改革，关键取决于高校的经济学课程组能否被激活，能否开展常态化的研讨式教学活动。因此，为了最大程度激活课程组这一基层教学组织，保障课程组常态化地开展各类教育教学研究活动，有必要采取以下措施。第一，高校二级学院出台相应的制度机制，如教学奖励制度、提供经费支持等，鼓励和引导课程组老师积极开展教研活动；第二，课程组自身要构建线上与线下、专业内与专业外、学院内与学院外等多样化的定期研讨机制。一方面，课程组自身要定期打磨研讨经济学课程的教育教学问题，提高教学质量；另一方面，课程组要为学生设置研讨模块，确定研讨主题与目标，充分发挥不同经济学专业学生的优势，让学生更好地理解不同子学科之间的联系，拓宽学生的学习视野。

参考文献：

[1] 蒙丹，姚书杰. 基于能力培养的案例教学目标设定及实现路径——以西方经济学案例教学为例 [J]. 河南商业高等专科学校学报，2013（26）：109-112.

[2] 吴友群，廖信林. 基于创新创业型人才培养的西方经济学教学改革与实践研究 [J]. 锦州医科大学学报（社会科学版），2021（6）：69-72.

[3] 向丽. 新文科背景下产业经济学课程教学改革路径探索 [J]. 对外经贸，2022（5）：148-151.

在线开放课程建设研究

高校线上课程的双重道德风险及治理研究[*]

曹艳秋[**]

摘　要：新冠疫情三年来，国内高校随着疫情反反复复地进行了线上教学，虽然线上教学存在一定的优点，但是线上教学的弊端也非常明显。本文运用信息经济学方法分析发现，高校线上课程存在问题的根本原因是教师和学生的双重道德风险。因此，提高线上课程的质量就需要从治理教师和学生的双重道德风险入手。

关键词：线上课程；双重道德风险；治理

一、引言

2020~2022年疫情传播出现了新的特点，新变异的奥密克戎毒株传染力强，导致很多地区疫情反复出现。同时，高校又是人员极度密集和防控难度极大的地方，一旦其所在城市出现疫情，高校就需要封闭管

---

[*] 本文系辽宁大学本科教学改革项目（JG2022ZSWT035）"'贯穿真实问题'的经济学专业拔尖创新学生培养研究"的阶段性成果。

[**] 曹艳秋，辽宁大学经济学院，研究方向为规制经济学、信息经济学。

理并且授课方式从线下改成线上。因此2020年以来，全国很多高校进行线上上课成为常态，甚至在没有疫情的地区，高校也选择封闭管理和线上上课。2022年底随着病毒致病性减弱，中国放开了封控，但是疫情期间摸索出来的线上课程和线上线下混合课程在后疫情时期也会在一定程度上继续存在和发展，因此探讨如何提高线上课程质量依旧存在重要的意义。另外，线上上课和线下上课确实存在很大的不同，这些不同点会导致线上课程质量难以把控甚至低于线下课程的质量，因此需要研究线上课程质量的影响因素，并探讨如何通过教学改革提升线上教学质量。

2020年春季，高校教学开始紧急线下转线上，中国高校陆续开启了线上教学模式，没有疫情的时候线下，出现疫情后马上线上……因此，近三年各个高校发现了不少线上教学存在的问题，摸索了很多线上教学的经验，也进行了很多关于线上教学的研究：一是通过问卷调查发现和研究线上教学的特征及存在的问题等方面的研究（邬大光等，2020；李春华和周海英，2020；李广平等，2021；王琳璜等，2022）；二是线上教学助推教学改革和线上线下融合等问题的研究（薛成龙等，2020；刘畅等，2022）；三是关于线上教学质量监控和评价体系的研究（王国华等，2020；臧玉萍等，2022；朱惠廷等，2022）；四是对不同类型课程（思政课程、理工类课程、医学类课程、社科文科类课程等）线上教学效果和质量监控等问题的研究（郭宇，2022；杨婧，2022；胡成洋等，2022）；五是关于线上线下教学质量的比较及提升线上教学质量的对策研究（王江典等，2022；王润青，2022）。

虽然目前关于线上教学效果和质量的研究成果比较多，但是高质量的研究成果不多，并且运用信息经济学方法进行深入分析的成果也比较少。目前关于线上教学的研究也基本集中在学生端，大部分在探讨如何激发线上教学时学生的积极性等问题，但是关于教师端线上教学和线下教学差别的研究比较少。本文将从信息经济学的视角，深入分析线上教学时教师和学生的双重道德风险问题，并且给出有针对性的治理对策。

二、线上和线下教学的比较及存在的问题

（一）线上和线下教学的比较

线上教学和线下教学其实各有利弊。在线下教学中，教师能够更好地和学生互动，营造线上上课不可能有的课堂氛围；教师能更好地处理各种课堂情况，教学效率比较高；线下考试更容易组织和监考，可以保证公平。线上教学也有其突出的优点，如线上教学不受时空限制，教学资源非常丰富；教学方式可以更加新颖并更加多样化，也便于回放学习；最重要的是，线上教学可以在分散的状态下上课，是疫情时期唯一能够采取的教学手段。但是，疫情三年来，不管什么层次的学校都进行了很多线上教学的实践，存在的问题仍然较多。

（二）线上教学存在的问题

1. 思政教育效率下降

一个不容忽视的事实是，无论是思政课还是课程思政环节，能够抓住学生注意力或者说让学生真正"走心"是非常不容易的。线上上课时，教师无法看到学生，学生在电脑的另一头是否在听课都很难确认，就算教师可以随机提问，但是没有及时回答问题的学生都可以用"麦克不好使""卡出去了"等各种借口解释，因此教师也无可奈何。如果是高数类的课程，大多数学生不敢不听，但是思政课或者课程思政环节，不存在"不听课很难自己搞懂"的问题，所以不听或者不好好听课的学生会比线下上课多得多，从而导致思政教育效率的下降。

2. 设备与网络等方面的问题

线上上课和线下上课本质的不同是教师和学生无法面对面授课和听课。如果我们的班型够小，教师和学生上课时都能打开摄像头，能看到彼此，那么线上上课和线下上课的差异就不大了。但是现在基本上所有

的大学都不能保证班型足够小且教师和学生都打开摄像头时网络不卡；甚至就算老师和学生都不开摄像头，只有老师一个人开麦克风，网络也会卡，这样非常影响教学效果。线上考试时更是如此，如果学生网络不佳，掉线了，教师无法监考，学生脱离视线期间做了什么事情也很难判断，但是网络原因造成的学生脱离视线又不能让学生承担责任，因此很难保证线上考试的公平。另外，可能有一部分学生是用手机听课，虽然各个教学平台都有放大课件的功能，但是毕竟需要学生不停地操作，一会放大，一会还原，还是会影响听课效果。如果没有及时放大课件，学生就会因为手机屏幕小、无法一眼看到课件里面的详细内容而影响听课效果。

3. 学生自制力不足，听课效果差

因为网络问题，国内绝大部分线上课程都不开摄像头，就算能开摄像头，老师也无法像线下上课那样能看到所有的学生。学生知道老师看不到自己，所以线上听课就放松得多，甚至会躺在床上听课，根本没有线下上课跟随老师讲课思路做笔记的听课状态。更有学生在听他们所认为的"水课"时，只是拿一个设备进入课堂，同时用另外的设备刷剧、玩游戏，根本就不听课。就算是认真听课的好学生，在学习一些理科课程，尤其是涉及数学推导时，由于老师播放的 PPT 不是真正的板书，学生还是不会像线下上课那样快速地理解。那么学生为什么有恃无恐地不好好听线上课程呢？因为学生知道期末考试会在线上进行，而线上考试和线下考试相比，紧张程度、监考严格程度都会下降，甚至有些学生觉得可以拿网络为借口作弊，所以他们就不重视平时的学习，学习效率会有不同程度的下降。

4. 教师教学努力程度下降，影响教学效果

从教师一端讲，线上上课和线下上课不只是去不去教室的简单问题，而是教师面对学生真正的"演讲式"上课与只是面对电脑的"无人观看式"上课的区别。如果是面对学生的"演讲式"上课，教师不仅要通过备课安排好教学内容，还需要深入理解自己的教学内容，要考虑清楚如何讲授才能使学生更好理解、更容易听懂，也需要考虑怎样通过"演讲"抓住学生的注意力，提高学生的学习效率。但是如果只是面对电脑而没有现场听众的授课，学生便无法得知教师上课的状态，有

些教师会降低备课和授课的努力程度，甚至如果过忙而没有足够的时间备课也可以去上课，遇到不熟悉的环节，甚至会用"读PPT"的方式授课，讲课效率大大降低，进而也会影响学生的学习效率。

三、线上教学存在问题的原因：双重道德风险

线上教学和线下教学最大的差别就是信息不对称，签约后的信息不对称就是道德风险。由于教师和学生双方在线上都无法观察对方的状态，因此不仅学生会降低自己听课和学习的努力程度，教师也会降低备课和授课的努力程度。这种双重道德风险就是高校线上教学存在质量问题的根本原因。

（一）学生的道德风险程度高于线下听课

导致线上课程质量下降的原因，一般我们更关注的是学生的道德风险行为。当学生选修或者必修某门课程，我们可以视同教师和学生之间建立了特定的契约关系，一个学期教与学的过程就是契约的履行过程。在这个过程中，学生接受教育但是他们有给教师打分的权力（大部分学校的教学质量监督机制都包括这个环节）；教师完成一个学期的教学工作后会给出每个学生的课程成绩，成绩一般包括期末考试成绩和平时成绩，平时成绩可能包括平时测验和课题表现等各个环节。在这样一个教与学的契约关系中，教师可以说是理性的，假定学生有20%是理性的，则有80%是感性的。理性的学生目标函数是学习收益的最大化，感性学生的目标函数则是短期效用的最大化，这里的效用由学习成果和休闲带来的身心快感决定。理性学生不仅目标函数清晰，而且面对线上、线下课程的努力程度也是不变的，学习收益只会因为线上线下教学条件发生变化而有所变化，因此不会有道德风险行为。但是对于大多数感性的学生来说，他们自制力差且不理性，要使其短期效用最大化的话，他们会选择降低听课学习的努力程度，为了增加休闲带来的效用，可能会边

刷剧、边打游戏、边听课，因为授课教师看不到学生的道德风险行为，也不会因为学生没有认真听课而扣掉学生的平时成绩，所以学生就会有恃无恐地降低听课和学习的努力程度。可见，线上授课质量一定会因为学生大量的道德风险行为而降低。

（二）教师的道德风险程度高于线下授课

高校教师有两大工作：教学和科研。科研会直接提高教师在学校的地位并增加教师的收入，但是认真教学却无法带来这些收益，因此大部分教师只是要完成所要求的教学工作量，并不追求较高的教学质量。也就是说，高校普遍存在"重科研轻教学"的现象，教师对教学工作投入不足。同时，教学是一种特殊的工作，其特殊性就在于信息的严重不对称，因此高校教师的教学道德风险的空间比较大。高校教学和中小学教学也存在不同，对于中小学教学来说，由于大家比较熟悉教学内容，老师是否进行了透彻的讲解是可以进行评判的，但是对于高校教学来说，有时一门课仅有一两位教师讲授，选用教材是否合适、授课内容是否难度适中、讲解是否透彻等教学最关键的环节都是难以判断的（学生没有能力客观评价，督导团和同行只要没有讲过这门课也很难客观评价）。因此，高校教学工作因难以准确判断教师的教学质量而使高校教师很容易产生道德风险行为，即高校教师的时间和精力更容易向科研倾斜从而放松教学工作。如果线下教学变成线上教学，由于教师不需要进行"演讲式"教学，教师可能会进一步降低备课和讲课的努力程度，从而加重高校教学的道德风险程度。

四、线上教学双重道德风险的治理

（一）加强对教师的监督和激励

教师教学的质量，一是取决于教师的能力，二是取决于教师的努力程度。因此，治理教师的道德风险行为应该从这两个方面入手。一方面，学校应该定期组织各种提升教学能力的培训和研讨会，完善线上教学的硬件建设，包括完善网络和线上教学平台的建设，完善教学评价机制和反馈机制，从监督等各个方面保证教师教学能力的提高；另一方面，学校还应该完善激励机制，激励教师将更多的时间和精力投入教学中。毫无疑问，高校教师的科研非常重要，这对推动我国的科技创新起到非常大的作用。因此，高校科研能力强的老师应该进入科研编，对这样的老师可以不做教学要求。为了让学生受益，学校可以组织这样的老师给学生做讲座，并安排科研编的老师带大三和大四的学生进行科研工作，提升学生分析问题和解决问题的能力。高校的大部分老师都属于教学编，其基本职责是教学，教学之余才是科研。因此，现有的激励机制应该进行完善和改革，从以前的重科研改为教学和科研并重，或者是教学优先兼顾科研。另外，高质量的线上教学或者线上线下混合教学其实需要教师付出更多的时间和精力，因此，学校也应该制定政策，激励、鼓励和扶持教师进行高质量的线上课程和线上线下混合课程建设。

（二）加强对学生的监督和激励

激发学生的学习兴趣是减少学生道德风险行为的根本。学生的学习兴趣应该和学生经历的整个教育有关，因此大学前的中小学教育应该关注学生学习兴趣的培养，大学第一年的课程应该做好本专业的启蒙以便激发学生的学习兴趣。另外，学校、家长和老师还可以通过完善物质和精神激励来激发学生的学习积极性，比如学校完善奖学金制度（比如增加奖励面）、家长适当进行物质激励、老师进行更多的鼓励式教学等。

除了激励，学校、教师和家长还应该进行更好的监督。从学校的角度看，应该加强对线上课程的抽查，抽查不应停留在学生是否到课的层面，而是上升到学生听课状态的层面。当然，完成频繁和有效的抽查需要两个前提：网络顺畅和功能更加先进的线上授课平台。从教师的角度看，线上课程最大的困难是看不到学生而很难进行监督，但是教师也可以进行力所能及的监督：课堂随机设计一些小游戏、不定时提问并且要求学生在 15 秒内必须回答、设置较多的随机测验，让学生在听线上课程时不敢放松，提升学生的注意力。从家长的角度看，家长如果经常过问孩子在大学的学习情况、上课情况、完成作业和成绩等各种学习信息，也会形成对自己孩子的远程监督。如果在特殊时期，学生在家完成线上课程，家长则更应该力所能及地进行抽查和监督，使学生保持良好的听课和学习状态。

参考文献：

［1］陈实，梁家伟，于勇，等. 疫情时期在线教学平台、工具及其应用实效研究［J］. 中国电化教育，2020（5）：44－52.

［2］陈武元，曹荭蕾. "双一流"高校在线教学的实施现状与思考［J］. 教育科学，2020，36（2）：24－30.

［3］关少化，范爱玲. 线上教学的教与学屏障及其突破［J］. 北京教育（高教），2020（5）：55－57.

［4］贾文军，郭玉婷，赵泽宁. 大学生在线学习体验的聚类分析研究［J］. 中国高教研究，2020（4）：23－27.

［5］焦建利，周晓清，陈泽璇. 疫情防控背景下"停课不停学"在线教学案例研究［J］. 中国电化教育，2020（3）：106－113.

［6］乐传永，许日华. 高校在线教学的成效、问题与深化［J］. 教育发展研究，2020，40（11）：18－24.

［7］李蕉，熊成帅. 从技术到理念：抗疫背景下线上教学的再出发［J］. 中国大学教学，2020（5）：61－67.

［8］穆肃，王雅楠. 转"危"为"机"：应急上线教学如何走向系统在线教学［J］. 现代远程教育研究，2020，32（3）：22－29.

［9］王国华，卓泽朋，周光辉. 大数据背景下线上教学质量监控与评价体系的建构［J］. 淮北师范大学学报（哲学社会科学版），2020，41（3）：107－111.

［10］邬大光. 教育技术演进的回顾与思考——基于新冠肺炎疫情背景下高校在线教学的视角［J］. 中国高教研究，2020（4）：1－6，11.

［11］邬大光，李文. 我国高校大规模线上教学的阶段性特征——基于对学生、教师、教务人员问卷调查的实证研究［J］. 华东师范大学学报（教育科学版），2020，38（7）：1－30.

［12］谢成兴，李树，王丰效．疫情下高校师生线上教学面临的挑战分析［J］．统计与管理，2020，35（8）：27-32．

［13］谢火木，刘李春，陈移安．疫情背景下高校线上教学的思考［J］．中国大学教学，2020（5）：57-60．

［14］谢建，王强，王秋霞．中外合作办学项目线上教学质量监控探索与实践——以广西财经学院为例［J］．北部湾大学学报，2021，36（1）：86-91．

［15］薛成龙，郭瀛霞．高校线上教学改革转向及应对策略［J］．华东师范大学学报（教育科学版），2020，38（7）：65-74．

［16］杨金勇，裴文云，刘胜峰，等．疫情期间在线教学实践与经验［J］．中国电化教育，2020（4）：29-41．

［17］曾丽雯．疫情防控背景下线上教学实施效果及影响因素分析——基于广东省高校的调查［J］．高教探索，2020（7）：85-91．

［18］郑宏，谢作栩，王婧．后疫情时代高校教师在线教学态度的调查研究［J］．华东师范大学学报（教育科学版），2020，38（7）：54-64．

［19］左惟．趋势与变革：高校开展线上教学的几点思考［J］．中国高等教育，2020（7）：10-12．

微观经济学线上线下混合式教学模式对学生创新能力的培养研究[*]

魏博文[**]

摘　要：微观经济学作为管理类的核心基础性课程，理论性较强。传统教学模式枯燥、乏味使得学生难以理解，加上师生互动较少导致学生对微观经济学课程的学习积极性不高。线上线下混合式教学通过课前预习引起学生求知欲，利用"雨课堂"增加教学互动和课后作业，进行题库建设实行教考分离，改革成绩评定方式全面考查学生综合素质，融入课程思政元素引导学生树立正确价值观。混合式教学模式取得了良好的效果，学生课堂参与度大幅上升，成绩显著改善，创新能力提高。

关键词：混合式教学；自主学习；创新能力

一、研究背景

高等院校的重要使命之一就是培养创新人才。创新人才的培养是一

---

[*] 本文受2022年度辽宁大学本科教学改革研究项目：组建科研团队对学生创新能力的影响研究（项目编号：JG2022ZSWT039）资助。

[**] 魏博文，辽宁大学经济学院，主要从事经济政策研究。

个持久的、循序渐进的长期过程（王辉，2021）。教学是师生互动交流的主要环节。在教学过程中，教师向学生传授知识、学生向任课教师提出自己的疑惑，师生之间的讨论能够形成新的想法或观点，甚至产生共鸣。因此，教学过程可以让教师更加全面地了解学生、发掘学生的潜力、培养学生的创新能力。辽宁大学是具备文、史、哲、经、法、理、工、管、医、艺等学科门类的综合性大学，是国家"211工程"重点建设院校和世界一流学科建设高校。学校对经济学科十分重视，微观经济学课程更是被列为学科通选课，经济学院和商学院的所有学生都要学习该门课程，该课程的受众面较广。微观经济学在不断改进并完善教学模式，通过采取"线上线下"混合式教学模式激发学生学习兴趣，调动学生学习的主动性和积极性，进而培养学生的创新能力。因此，探索研究微观经济学课程线上线下混合式教学对学生创新能力的培养意义深远。

二、传统教学模式下微观经济学课程存在的问题

传统教学模式下，教学主要是教师依照教材、教学课件展开教学。教师在讲台上讲解知识点，学生则在座位上做笔记。但是从实践来看，这种教学模式下的学生只是被动接受知识点，学生的学习积极性不高，学习效果并不理想，无法满足现代教学的需求（韩盼盼，2021）。而且学生在学习专业基础课程时，如果无法产生学习兴趣，那么就可能会影响后续相关课程的学习，从而更加影响学生创新能力的培养。

（一）微观经济学理论性强，难以理解

微观经济学以家庭、企业和市场作为研究对象，研究消费者选择问题、企业生产成本问题和市场理论等问题，是一门理论性强的课程。通过学习该门课程，学生不仅要掌握基础理论，还要形成理性思维和自主分析能力。微观经济学作为经济管理学科的专业基础课程、学科通选课程，教学计划安排在大一下学期开设，这对于刚刚步入大学校门不久的

大一学生来说，学习该门课程还是存在较大难度的。

（二）师生交流互动较少

微观经济学课程知识点较多。传统教学模式下，教师每堂课都要讲解多个知识点才能完成教学进度安排，学生则需要跟紧教师的节奏，否则会出现知识点的遗漏。教学中基本是教师"一言堂"：上课时只有教师在讲台上讲，学生听，下课后学生也不会主动提出问题；即使教师提出问题，学生也不愿思考，只是在等待老师公布答案；考试时学生突击复习，背下所有的知识点应对考试。传统教学模式下，师生互动交流很少。为了通过考试，学生对知识点死记硬背、不求甚解。这样的学习状态容易导致学生对知识点的应用能力不强，学习主动性不高。

三、线上线下混合式教学模式的实践

针对传统教学模式下存在的问题，微观经济学课程进行了教学改革，通过进行线上线下混合教学模式，调动学生学习的积极性和主动性，让学习贯穿于课前、课中和课后的每一个环节。

（一）课前预习

充分利用互联网技术手段，结合当代学生"手机不离手"的特点，运用"雨课堂"和班级微信群向学生发布课前预习资料，目的在于引起学生的好奇心和求知欲。

（二）教学互动

近年来，学校不断增加对教学的重视程度，师资力量较为充裕，课堂教学基本采取小班型授课。上课时采用"启发式＋提问式"的教学模式，并结合学生"喜欢看手机"的特点，随机在课堂上向学生提问，学生可以直接回答，也可以利用"弹幕"回答问题，这样就避免了学生因"不好意思回答老师的问题"或"担心答错"的尴尬局面。老师可以通过学生对问题的回答，及时了解学生对知识点掌握的情况，有利于深入挖掘学生的学习潜力，并根据不同学生的特点有针对性地培养学生的创新思维。

（三）课后作业

孔子曰："温故而知新。"课堂教学结束并不意味着完成了知识点的学习。学生需要对学过的知识点进行温习，此时通过"雨课堂"将录制的知识点小视频发布给学生，可以起到很好的效果。不仅如此，每章知识点讲解完毕后，教师会利用"雨课堂"随机向学生发送测试题，并要求学生在规定时间内完成答题。通过"雨课堂"或"微信群"向学生推送热点新闻，鼓励学生用学过的知识点进行分析，提高学生自主分析问题的能力，并且鼓励学生积极撰写学术论文，对于论文写作较好的学生，教师可以鼓励并指导学生参加创新创业大赛。

（四）题库建设

微观经济学课程教学团队根据教学大纲、结合马克思主义理论研究和建设工程重点教材《西方经济学（第二版）》进行集体命题，制定题库，实行教考分离。这样可以避免学生产生"背题"或"押题"等投机取巧的心理，鼓励学生认真学好每个知识点。

（五）成绩评定

成绩评定方面，采取"平时成绩+期末成绩"的形式。平时成绩根据学生课堂出勤情况、课堂表现以及课后作业完成情况综合评定，目的在于让学生重视平时的学习过程。"雨课堂"可以记录学生出勤情况、课堂答题以及作业完成情况，有利于教师综合评定学生的平时成绩。期末成绩则进行闭卷考试，由教务部门在题库中抽题。期末考试重点考查学生对知识点的掌握程度和分析问题的能力。"平时成绩+期末成绩"的成绩评定方式，可以全面考查学生的综合素质，有利于提高学生学习的自觉性、主动性和创新能力。

(六) 课程思政

"立德树人"是教育的根本任务（冯金洪，2022）。将"课程思政"融入课程体系中，让学生在微观经济学课程的学习中潜移默化地接受思想教育，培养出拥护中国共产党领导和中国特色社会主义制度、立志为中国特色社会主义奋斗终身的有用人才，这才是教育的初衷。因此，教学中十分注重课堂内容体系与思政元素的融合。利用"雨课堂"或"微信群"向学生发送具有"励志"内容的案例，引导学生树立正确价值观（韩秋菊等，2020）。

四、改革成效

线上线下混合式教学模式实施以来，学生无论是在课堂上，还是在课余时间都能够积极、主动地参与学习和科研，自主学习的意愿增强，创新能力提高。

(一) 学生课堂参与度大幅上升

教学中使用先进的信息技术手段，将"雨课堂"应用到教学环节。先进教学手段的应用，不仅使教学形式多样化，还丰富了教学内容，更多的是考虑到了学生的感受力和认知能力。利用"雨课堂"向学生发布关于上课提示公告或者测试公告，让学生提前做好准备。课堂上，教师在知识点讲解过程中，随时向学生提出问题，让学生思考并当堂回答。学生可以利用"雨课堂"的"弹幕"将自己的想法发送给教师，也可以将自己的疑惑以"弹幕"或"投稿"的形式发送给教师，这样可以方便教师及时了解学生对知识点的掌握情况。根据微观经济学课程的特点，知识点的介绍一般都会搭配习题，这样安排是让学生能更深入地理解知识点，实现深度学习。习题通过"雨课堂"以选择题或者主观题的形式发送到学生的手机里，学生在规定时间内提交答案，教师可以当堂批阅，并将学生在答题时出现的问题及时予以解答。通过这样的教学实践，学生参与答题的积极性高涨，向教师提出自己心中疑问的次数明显增多。根据 2021 年秋季微观经济学课程的教学实践来看，师生互动次数达到 1405 次①。

（二）学生成绩显著改善

学生成绩应该是其总体表现的最终成绩，不能仅由期末一次考试决定。秉持这样的理念，在线上线下混合式教学实践过程中，学生成绩评定也进行了相应的改革。微观经济学课程理论性较强，学生学习中存在一定难度。在改革之前，该课程考核方式仅仅是期末闭卷考试，没有设定平时成绩，学生学习积极性不高，期末不及格率较高。在实施教学改革之后，学生的平时表现也作为其成绩考核的一部分，学习热情高涨，自主学习能力明显提高。学生更愿意主动提问题，敢于将自己心中的疑问说出来与同学或教师进行探讨，学生成绩显著改善，不及格率明显下降。

（三）学生创新能力提高

在混合式教学实践过程中，学生的自主学习能力显著提高。除了阅读学校配发的教科书之外，学生还主动购买相关的阅读材料。微观经济学课程属于理论性比较强的课程，所以学生学完知识点后，教师都会选取一些典型习题给学生讲解，让学生更加深入理解所学的内容。学生为了能更好地掌握理论知识，便会主动购买习题册。课间休息时，学生还会主动问一些课程之外的问题。例如，当学生准备参加创新创业大赛时，会主动向教师请教有关比赛的具体事宜，并请任课教师担任大赛作品的指导老师。在对学生进行指导的过程中，学生会提出很多奇特的想法。不仅如此，学生对于自己的想法会通过各种方法进行验证。学生展现出来的这种"韧"劲正是当代大学生需要具备的能力。具备这种

---

① 资料来源："辽宁大学雨课堂"教学数据统计，详见 https：//lnu.yuketang.cn。

"韧"劲,才会在今后的学习和科研中有所突破和创新。微观经济学课程不仅要引导学生掌握教学大纲规定的知识点,还要培养学生的创新能力。教师教会学生的是分析方法,学生在掌握这些方法后,灵活运用,分析具体问题,才是掌握了课程的精髓。

参考文献:

[1] 冯金洪. 课程思政视角下化学思维型课堂的建构——以"乙醇"的教学为例[J]. 化学教育(中英文), 2022(3): 74-80.

[2] 韩盼盼. 线上线下混合教学模式在商品学课程中的应用研究[J]. 湖南邮电职业技术学院学报, 2021(12): 97-100.

[3] 韩秋菊, 石彤, 郝国祥, 等. 在线教学中的课程思政教育[J]. 中国免疫学杂志, 2020(18): 2271-2274.

[4] 姜励卿. 翻转课堂对学生成绩的影响及作用机制——基于"微观经济学"两期教学改革的比较[J]. 黑龙江教育(高教研究与评估), 2021(8): 46-49.

[5] 李鹏雁. 微观经济学课程教学改革与实践[J]. 教学研究, 2008(1): 55-57.

[6] 石娟. "微观经济学"课程教学的中美差异与启示[J]. 黑龙江教育(高教研究与评估), 2019(2): 31-32.

[7] 王辉. 课堂教学对大学生创新能力发展的影响——基于184节研究型大学本科课堂教学观察[J]. 国家教育行政学院学报, 2021(10): 86-95.

[8] 魏博文. 辽宁大学本科教学质量监控中心网站: 激发求知欲、培养学生自主学习和创新思维能力——记经济学院《微观经济学》线上教学探索与实践[EB/OL]. (2022-11-18). https://qa.lnu.edu.cn/info/14102/71246.htm.

[9] 张志娟.《微观经济学》课程教学方法浅谈[J]. 当代经济, 2012(4): 108-109.

[10] 郑慕强, 王祎, 杨程玲. 整合思维教育模式下以问题为导向的教学探索——以《微观经济学》课程为例[J]. 内蒙古农业大学学报(社会科学版), 2014, 16(4): 87-91.

规制经济学在线开放课程建设研究[*]

姜 超 曹艳秋[**]

摘 要：规制经济学是一门新兴的应用性、前沿性学科，是高校经济类专业高年级本科生和研究生的重要课程。基于新冠疫情防控原因，许多高校在此前无法进行线下授课，而数字技术的广泛应用则有效推动教学模式从线下转变为线上，真正实现了"停课不停学，封校未封行"，线上教学具有便利性、可共享、可重复等优点，但其存在的弊端也十分明显。完善线上教学模式、创新线上教学方法，对于应对重大突发性公共卫生事件、培养学生终身学习能力具有重要意义。本文以规制经济学课程教学模式为研讨对象，首先对传统线下教学模式进行介绍并分析传统模式的主要特点；其次对新兴线上教学模式进行介绍，论证线上教学模式特点以及当前线上教学过程中存在的不足；最后结合线上线下两种模式的优缺点，进一步提出新时代建设规制经济学在线开放课程的建议。

关键词：规制经济学；线上教学；教学模式改革

---

[*] 本文系辽宁大学研究生优质在线课程建设与教学模式综合改革研究项目"规制经济学在线开放课程建设研究"的阶段性成果。

[**] 姜超、曹艳秋，辽宁大学经济学院，研究方向为规制经济学。

规制经济学是运用经济学原理研究政府管制科学性的一门应用性学科，以经济学为基础，其研究范围包括经济性规制、社会性规制、反垄断规制和代表性产业的相关规制问题，涉及"经济、政治、法律、行政管理、环境科学"等多方面的内容，对于经济类专业和管理类专业起着支持作用。中国是一个从计划经济体制向市场经济体制过渡的转型国家，政府规制在建立与完善中国特色社会主义市场经济体制过程中发挥着越来越重要的作用，尤其是随着全面深化改革的持续推进，迫切需要在规制经济学的理论指导下，建立高效率的规制体制，以取得较为理想的改革效果，实现有效规制。我国对规制经济学的研究起步较晚，引入我国的第一本专门讨论规制经济的教材是1992年日本学者植草益著的《微观管制经济学》，自20世纪90年代以来，越来越多的国外优秀教材被引入中国；同时，国内学者在总结归纳国外规制经济学论著的基础上，结合本国实际出版了许多论著，为规制经济学在中国的形成与发展奠定了基础。因而，进一步推动规制经济学学科建设，创新教育教学方法，保质保量完成"规制经济学"教学任务，培养出一批具有规制经济学知识储备和专业素养的经济学人才，对于建设和完善社会主义市场经济体制的意义重大。

随着互联网、大数据等技术的发展和智能设备的普及，现代信息技术正逐渐转变着人们的思维模式和学习方式，也为在线开放课程平台建设提供了有力的技术支撑。作为信息化技术与传统教育教学深度融合的最新成果，在线开放课程有力推动了各高校优质教育资源共建共享，在促进教学公平、优势资源共享以及文化保护方面起到了重要的作用。因此，推动规制经济学在线开放课程建设是顺应时代潮流、推动学科发展、培养新时代创新型人才的必然选择。

一、传统教学模式下的规制经济学

在传统教学模式中，教师作为教学活动的主体，是知识的传授者，学生作为接受信息的客体，是知识的接受者。教学方式一般是教师口述、板书，学生耳听、做笔记，并采取提问、课后作业、随堂测试、考试等多种手段巩固教学效果。经过几千年的厚重沉淀，传统教学模式固有其不可替代的优势，其优点可以概括以下3个方面。

第一，现实性。在传统教育模式中，教学任务是通过教师言传身教、学生耳听心受完成的，师生之间存在着面对面的交流，教师可以通过捕捉学生面部表情和肢体语言等反馈信息充分了解课堂情况，对教学内容和方法进行相应调整；同时，教师的一言一行、一举一动对学生也有着启发诱导的作用，有利于调动学生积极性。现实性是传统教学最主要的优势。

第二，即时性。在传统教育模式的课堂上，学生可以对自己没有理解的内容进行提问，老师可对学生提出的疑问给予及时性的回答，教学互动顺畅。在这种模式下，教师能更快了解教学效果，学生的听课效率更高，也有利于师生的情感交流。

第三，互动性。良好的课堂环境能提高学生学习的效率和质量，而营造良好环境的关键就在于师生的充分互动。在这种氛围下，老师更有动力临场应变、自由发挥，以更饱满的情绪进行授课，而学生受到教师情绪鼓舞，对学习内容更有兴趣，听课质量则会更高。所谓"教学相长"，这种互动正是把"教"和"学"联系起来的关键。

随着科学技术的进步，教学手段也在逐渐发展，多媒体教室、个人电脑的应用丰富了教学内容，提高了教学效率，但是"以教师为中心"的根本教学观念并未发生改变，学生仍然被动地接收信息，无法充分发挥主观能动性和创造性。长此以往，学生会养成一种思维惯式，把知识看成绝对真理、把学习简括为知识由外到内的单向输入过程，最终导致想象能力和创新精神的缺失，这是传统规制经济学课程教育的一大弊端，也是中国传统教育的通病。传统教学模式的缺点主要包括以下3点。

第一，单一性。主要表现在学法单一、目标单一、评价单一、过程单一等。学习方法主要依靠被动接受、死记硬背、机械训练，以知识的记忆和再现为唯一目标，以考试成绩为最终评价标准，把知识的积累过程当成学习过程的全部。这种单一、机械化的教学方式把学校变成了一个学术工厂,不利于学生个性的养成,也扼杀了学生的创新能力。

第二,封闭性。在传统教学模式下,教育资源被局限在学校内。由于软件和硬件条件的差异,同一个专业不同学校的学生可能学到的东西也是不同的。再者,教师教学水平、教学手段的差异性也会导致学生对知识领悟深度不一样。优质教育资源无法被共享,从而导致区域间的教育不公平。

第三,不可重复性。在开展教学活动的过程中,教师在讲授过程中的临场发挥对于学生理解学习内容有重要的辅助作用,但是这种临场反应经常是"妙手偶得之",导致优秀的讲授内容无法被完整地记录下来。一部分学生在上课过程中的注意力不够集中,课堂内容没有理解,由于无法重复听课,严重影响教学效果。

综上所述,传统教育模式有其优点,但是缺点也十分显著,要推动规制经济学教学模式发生转变,就必须摒弃旧有模式中不适应时代发展的部分,吸收合并其好的方面。

二、线上教育时代的规制经济学

线上教育是伴随互联网技术的发展而产生的,是通过应用信息科技和互联网技术进行内容传播和快速学习的方法。我国的在线教育模式从20世纪90年代开始逐步发展,2010年后进入快速增长期,进入2020年,由于新型冠状病毒的肆虐,全国各级学校的正常线下教学受到了极大的冲击。为阻断病毒的传播途径,全国各地教育局、学校响应教育部"停课不停教""停课不停学"的号召,积极筹备和开展"在线云课堂"的建设。截至2020年5月,全国大中小学累计在线学习人次超过40亿人,其中,参加学习的大学生人数共计1775万人,合计23亿人次,全国高校实现了全区域、全覆盖、全方位的在线学习实践[1]。在经历了新

---

[1] 湛新星. 浅析后疫情时期高校线上教育的发展 [J]. 科技视界, 2020 (23): 1-3.

冠疫情冲击后，人们已经深刻认识到线上教育模式的重要性。在疫情为线上教育带来发展机遇的同时也带来了挑战，如何提高线上教育的质量是进一步推动线上教育发展的主要任务。

从最初的"教育＋互联网"模式，到现在的"互联网＋教育"模式，线上教育已经从传统教学模式的辅助工具成为独当一面的教学模式。线上教育模式具有以下优点。

第一，便捷性。基于互联网的线上教育模式打破了时间和空间的限制，让每个想学习的人都能随时随地享受到优质的教育，这一优点是其他教学模式无法比拟的。无论是对于因突发事件而无法进行线下教学的师生、已经毕业但仍希望进一步深造的学生，还是对于新知识充满渴望的终身学习者，线上教育模式都是最好的选择。

第二，快速和及时性。在线学习不受课程安排的限制，可以快速获取所需的知识和技能。对于教师来说，电子教材和PPT课件能够节省当堂板书和重复备课的时间，大大提升了教学效率。对于学生来说，由于不受所处环境的限制，可以随时随地进行学习，节省了很多附加时间。而且线上模式学习内容的更新速度更快，学生甚至可以在两周到三周内完成一门课程的学习，这在以往是不可想象的。

第三，可重复性和可共享性。线上学习具有可重复性的特点，对于没有理解的内容，学生可以进行重复学习，有利于更好掌握知识点，巩固学习效果。通过在线课程平台，学生可以学习到各个高校教师讲解的课程，同学科前沿学者进行在线交流，正如国内在线课程平台慕课的宣传语"好的大学没有围墙"，在线教育模式对于实现优势资源共享和教育公平意义重大。

由于政府、学校、企业的高度配合，线上教育充分地发挥了灵活、便捷、高效的优点，有效地保证了疫情期间各级学校教育活动的如期开展。由于此次线上教学的影响范围大，绝大多数学生和老师都大量接触了线上教学，也渐渐发现了线上教育存在的一些不足。

第一，不确定性。这种不确定性既来自学生也来自老师。在线教学对于学生的自律性要求更高，而在一些缺乏自我约束和注意力不集中的学生眼中，"网课"常常意味着"没课"，经常出现平板电脑播放网课、手机打游戏的情景，而老师对于学生的情况也不能完全掌握，听课效果是不确定的。教师由于不再与学生面对面交流，因此在上课时缺乏积极性，备课和讲课的效果也是不确定的。这样一来，来自双方的不确定性使得教学效果得不到保证。

第二，不适应性。线上教育模式下教师不仅要进行备课、讲课等工作，也要熟悉网络设备和在线教育平台的使用，如通过留言板或者弹幕与学生沟通，在线批改作业、解惑答疑，同时还要保证教学活动的质量，这大大增加了教师的工作量。尤其是对于一些年龄较高的教授和学者，由于习惯了传统的教学模式而可能对在线教育模式感到不适应。

第三，过度依赖性。线上课程可以回播、重放，学生可以就课堂内容进行反复学习，让学生产生依赖心理，认为听不懂的地方可以重新学习，因此在线教学模式存在浪费时间的潜在因素，不利于学习效率的提高。

通过以上的分析可以看出，在线教学模式也是存在着一定弊端的。随着互联网技术的快速发展，在线教育覆盖范围会更广，应用程度也会逐渐加深，完善线上教学模式、创新线上教学方法，对于应对重大突发性公共卫生事件、培养学生终身学习能力都具有重要意义。

三、建设规制经济学在线开放课程的相关建议

以上两个部分分别对传统教学模式和在线教学模式进行了介绍，并分析了二者的特点，可以看出二者在要求、手段、程序、目标上都存在差异。在课堂效果方面，传统教学模式是优于线上教学模式的；在便捷性、教育资源共享、创新能力培养等方面，线上教学模式的优势更为明显；从课程受众范围来看，传统教学模式更适用于在校学生，线上教学模式适用于想学习该门课程的所有人，因而覆盖范围更广一些。但是不可否认的是，二者都具有不可替代的地位。

在线教育模式具有较高的灵活性，但其特点决定了这种模式并不适用于所有课程，对于一些数学类、逻辑类、文学类和一些要求动手实践的课程而言，仍然是线下模式的教学效果更好，而规制经济学不涉及过于复杂的数学知识，而是涉及具体行业的相关规制政策，注重联系实际，具有一定趣味性，因此适合开展线上教学模式。建设和完善规制经济学在线开放课程是一项复杂繁重的任务，对于软件和硬件以及二者适配的要求较高，需要高校、数字技术平台、学生、社会多方的共同努力，以下是建设规制经济学在线开放课程的一些建议。

（一）从学生自身角度：端正自身态度，培养学习能力

作为线上教学模式的主体，学生的认真态度和学习能力直接决定着教学活动的效果，然而在缺少监督的情况下，经常出现学生学习松懈等问题。教师可以通过合理的课程设计，如直播课程加入提问、随堂测试、课后测试等环节缓解这类问题，但是从根本上解决则要学生加强自我约束，提高自主学习的能力。建议学生通过课前预习来熟悉课程内容，可以通过阅读规制经济学中的案例对要学习的知识有一定的了解，从而提高正式上课的效率。此外，一方面，学生可以通过合理安排学习时长和学习时段，以避免出现厌学情绪；另一方面，在学习过程中积极参与课堂互动，如通过发弹幕、评论等方式积极与老师、同学交流，发表自身学习见解，增加参与感与专注度。

（二）从高校角度：提供优质课程，完善教学设计

相比于传统教学模式，在线上教育模式中高校和教师的任务更重，工作量更大。高校不仅要组织教学活动、进行教学管理、分配教学任务，还要保证网络的稳定通畅，并组织教师开展线上教学的相关培训。而教师在进行教学工作的同时还要进行课程录制、剪辑并上传到在线课程平台，设计随堂测试、线上考试等环节对弹幕和评论问题进行解答。不仅要学习和适应新的教学模式，还要保证教学效果，因此线上教学模式的开展对于高校和教师都是一次考验。对于高校而言，在独立自主建

设在线开放课程的基础上可以借鉴其他高校的相关经验，通过充分的学习和交流了解其他高校开展线上教学使用的平台，分析在建设过程中所遇到的困难与当前存在的不足，并把这些经验运用于建设和完善在线开放课程平台的实践中。对于进行规制经济学在线教学的高校教师，可以结合在线课程平台功能对课程内容进行拓展创新，增加一些实践性、趣味性环节，丰富教学手段和教学内容。

（三）从在线平台角度：满足教学需求，推动平台建设

在线教育是通过搭建在线教学平台来实现知识的传授，当前线上教学平台开发市场已经较为成熟，"雨课堂""慕课""学堂在线""腾讯课堂""网易云课堂"等平台各具特色，竞争激烈。从平台的角度来看，首要的是保证软、硬件设施稳定运行，避免出现无法登录、掉线、卡顿等影响用户体验的情况。另外，在线教育行业的竞争力在于创新，而用户需求则决定着创新方向。企业可以与高校建立校企合作关系，对师生反馈信息进行收集、整理和分析，并根据这些信息进行软件更新，进一步开发实用功能，完善平台服务。

（四）从社会的角度：加快观念转变，积极建言献策

从社会的角度看，首先要做的是转变观念，不要用传统教育来否定线上教育，也不要用线上教育模式否定传统教育。线上教育模式的出现只是为人们接受教育和培训提供了一个新的选择，人们可以随时随地在平台上学习经济学、理财、编程、历史、文学甚至太极拳等各种知识，而这在以往是不可能实现的。线上教育模式为想学习的人开启了一扇方便之门，从而引导更多人树立终身学习的观念。同时，对线上教学模式更深入的探索仍需要整个社会的支持和参与，提出更多建设性意见，推出更多有利于在线教学模式发展的政策，集思广益，群策群力，把规制经济学打造为精品课程，让在线学习成为人们的一种学习方式甚至一种生活方式。

参考文献：

［1］多依丽，付晓岩，海军．"雨课堂"与传统教学模式的比较研究［J］．大学教育，2017（12）：153－155.

［2］冯秀芝，姜开运，任艳玲．慕课来袭缓缓行——慕课利弊分析［J］．才智，2015（10）：7－8.

［3］顾晓薇，胥孝川，王青．国家精品在线开放课程建设研究［J］．现代教育管理，2020（6）：77－83.

［4］何克抗．从"翻转课堂"的本质，看"翻转课堂"在我国的未来发展［J］．电化教育研究，2014，35（7）：5－16.

［5］李军靠．传统教学的弊端与矫治［J］．延安教育学院学报，2003（1）：4－6.

［6］王茜．网络平台下的互动式"西方经济学"教学模式设计［J］．教育教学论坛，2022（35）：133－136.

［7］王巧焕，何春锋，于荣．翻转课堂对高校传统教学模式的冲击与挑战［J］．扬州大学学报，2018，22（1）：102－106.

［8］苑永波．信息化教学模式与传统教学模式的比较［J］．中国电化教育，2001（8）：26－28.

线上教学面临的"边缘人"问题与对策

任晓聪　程思进[*]

摘　要：线上教学"边缘人"是指在线上课堂中，主动游离到教学活动边缘的学生个体或群体。线上"边缘人"问题经常出现并且不利于教师的教学质量和学生长远的发展。本文对线上"边缘人"问题进行了分析，发现线上"边缘人"呈现课堂状态边缘化、课堂互动边缘化与课堂情绪边缘化。更进一步地，本文从自身因素、家庭因素、教师因素与环境因素四个层次探究"边缘人"问题形成的原因，并在此基础上给出相应的对策建议。

关键词：线上教学；边缘人；边缘化

一、问题的提出

新冠疫情的暴发给我们的生活带来了极大的变化，同时也改变了我国高等教育教学的方式。2020年2月，教育部印发《教育部应对

---

[*] 任晓聪、程思进，辽宁大学经济学院，研究方向为规制经济学。

新型冠状病毒感染肺炎疫情工作领导小组办公室关于在疫情防控期间做好普通高等学校在线教学组织与管理工作的指导意见》，要求各高校"停课不停学、停课不停教"。在此背景下，线上教学成为各高校的主流教学方式。线上教学突破了教师与学生之间的时空界限，使得人们不受时间、地域的限制，可以直接进行云教学、云学习。然而，在线上教学中，课堂容易出现老师一个人在讲，学生注意力不集中，边玩游戏或看小说边听讲课的现象。学生就像是课堂中的"边缘人"，偏离了线上教学活动。"边缘人"问题不仅影响教师的教学质量，而且对学生的发展也是不利的。无论是线下教学还是线上教学，都容易存在"边缘人"问题，在线上教学中，"边缘人"问题尤其突出。由此，探究线上教学中"边缘人"问题的成因以及对此提出有针对性的建议具有重要意义。

二、线上教学"边缘人"的基本认识

（一）线上教学"边缘人"的基本概念

"边缘人"最早是由德国社会学家格奥尔格·齐美尔提出的，这一概念被用于分析社会问题。近些年来，"边缘人"的概念才被引入教育学领域。亓玉慧（2015）认为，课堂教学"边缘人"是指在日常课堂教学情境中偏离教学价值观，易于被教师和同伴排斥或遗忘，或因自身原因拒绝参与教学、主动游离到教学活动边缘的学生个体或群体。史文秀（2018）对"边缘人"做了这样的描述：他们以近乎"局外人"的姿态观望着课堂，以"隐身人"状态游离于教学活动中心之外。对于线上"边缘人"这一问题，金松丽（2021）认为线上"边缘人"是因自身或外在原因偏离线上教学的目标和任务要求，游离到线上教学活动边缘的个体或群体。因此，根据学者们的研究可得出："边缘人"是指游离于教学活动的中心，在课堂教学的边缘，没有得到良好发展的学生。

（二）线上教学"边缘人"的表现

1. 课堂状态边缘化

教师们在线上教学时往往会遇到这样一种现象，那就是有些学生会按时连线，在签到时也能保证签到完成，但在签到完成之后他们又会安静地消失在课堂之中。在线上授课时，教师们为了保证课堂网络的稳定性和清晰性，一般不会让学生打开摄像头。但是这会容易造成学生确实连线进入课堂，但自身状态没有进入课堂，这种情况下教师们又难以察觉，使得连线而不在线的学生能够隐藏。同时，学生在进行线上学习时，受周边环境的影响，容易走神，一心多用，上课时还在完成其他事情，在心理上与课程内容是隔离的。因此，课堂状态边缘化不利于学生的学习，也会对教师的教学质量产生影响。

2. 课堂互动边缘化

线上教学过程中，教师们为了得到及时的反馈、了解学生们的掌握情况，会随机在课堂上进行提问，这是一个好的做法，能将学生带动到课堂思考过程中。但实际效果却不是如我们想象的，在线上教学中，学生对于课堂提问往往呈现出消极情绪。在课堂之中，学生没有积极参与进来，当教师提问到某个学生，该学生常以沉默为主，鲜有学生能够清晰地表达自己的观点；而未被点名的学生在旁边就像在观一出好戏，置身之外，似乎教师的提问与他们没有多大关系。虽然课堂的时间是有限的，但教师还是会努力照顾到每个学生，引导学生积极发言。未被教师点名的学生在师生互动中处于被忽视状态，容易走向课堂互动边缘化；而对于被教师点名的学生，如果没有积极跟随教师的引导，则会处于沉默状态，在互动中主动放弃，不愿参与课堂互动，这就是典型的课堂互动边缘化表现。

3. 课堂情绪边缘化

疫情期间，学生居家隔离时间较长，难免会产生负面情绪，对线上课堂产生厌倦。部分情绪调节能力较弱的学生会出现"边缘人"心态，产生情绪问题。主要表现为：一是不耐烦表现，教师在讲解过程中，"边缘人"学生习惯在公屏上扰乱课堂秩序，影响教师的教学进程；二是对抗表现，该类学生将自己的不满情绪发泄在教师身上，对教师的提问故意说错或者写错，以不配合教师安排为目的。课堂情绪边缘化常常发生在那些情绪不稳定的学生上，教师在线上授课时，需要多留意此类学生的表现，防止问题恶化。

三、线上教学"边缘人"问题形成原因

线上教学"边缘人"问题不是由单一因素造成的，而是多方面因素综合影响的结果，这些因素包括自身因素、家庭因素、教师因素与环境因素。

（一）自身因素

1. 自我认知和感受效能低

香港大学教育心理学教授比格斯创建了一种用于评价学生学业的方法，认为任何学习结果的数量和质量都是由学习过程中的教学程序和学生的特点决定的，学生回答某个问题时所表现出来的思维结构是可以检测和分级的。线上课堂中"边缘人"的思维结构处于单一结构的水平，认知水平较低，演绎推理能力较弱，从而导致思考问题的方式简单，跟不上教师的教学进度，长此以往，在课堂上失去信心和继续学习的动力，对教学的边缘化起到恶化作用。更进一步地，成败感受也是影响学生边缘化的原因之一。经常处于线上课堂"边缘化"的学生在学习上获得的成功经历有限，自我效能较低，缺乏自信，害怕的心态让他们不敢在课堂正常地发挥，封闭自己，边缘化状态更加严重（覃奇颖和杜尚荣，2015）。

2. 人格特质

对于个体的人格差异，艾森克用不同维度将人格差异分为四类，分

别是稳定内倾型、稳定外倾型、不稳定内倾型和不稳定外倾型。稳定内倾型具有谨慎深思、性情平和的特质；稳定外倾型具有活泼开朗、领导力强的特质；不稳定内倾型具有刻板严肃、焦虑悲观的特质；不稳定外倾型具有敏感不安、冲动善变的特质。不同属性的人格特质会影响学生的课堂表现，在实际课堂教学过程中可以发现，稳定外倾型的学生能够主动参与课堂教学，而具有稳定内倾型与不稳定内倾型人格特质的学生，他们内向害羞的特质往往会被教师忽略，也较少主动参与教学过程，容易处于课堂"边缘人"状态。

（二）家庭因素

家庭教养方式是影响儿童社会性发展的重要因素（张文新，1999），而"边缘人"问题实质上是学生社会性发展的问题之一。一个家庭用什么样的方式教育孩子会影响着他们的学业表现。具体来说，家庭教育方式影响孩子的学习主要体现在家庭所处的语言环境与家庭提供的文化资本差异上。

1. 语言形式

我国虽然不存在鲜明的阶级划分，但来自不同社会环境的学生，家庭内部在早期生活中发展了不同的语言表达形式。部分家庭在交流的时候倾向于开放的方式，语言上也是精准表达；而另一些家庭则偏向封闭式，语言形式也是粗犷的。在前种家庭成长的孩子，智力、自信心与理解能力都能够得到很好的发展，因此，他们成为线上课堂"边缘人"的概率较小。

2. 文化资本

"资本"一词是从马克思资本学说中发展出来的概念。文化资本则是个体在社会化过程中对从家庭中所继承的文化资源所占有的资本，这是一种可以促进教育成就的具有相对稳定态势的"语言与文化能力"，包括语言能力、思维方式、行为习惯、文化品位等（黄俊和李超，2019）。布迪尔将文化资本分为形体化文化资本、体制化文化资本和客体化文化资本。形体化文化资本是指家庭文化氛围和组织的各种文化活动；体制化文化资本表现为学历文凭或教育证书；客体化文化资本是指有形的文化产品，包括家庭藏书、学习空间的设置。无论是什么样形式的文化资本，在子女教育获得中均具有积极的作用。

(三) 教师因素

教师的教学风格也会对学生的线上学习状态产生影响。假设教师的线上教学风格符合学生，那么学生就会有兴趣、有动力去主动参与教师的教学过程，学生的学习效果从而得到大幅提升；相反，如果教师的线上教学风格与学生的学习风格相差很大，学生很难适应，那么这会降低教师的教学质量，学生难以融入课堂。在线上教学中，教师与学生由于空间分离，教师会更容易按照自己的风格授课，当学生对课堂不适应时，教师也难以捕捉学生的需求，而不能及时调整。因此，线上课堂"边缘人"问题的形成也与教师有着密不可分的关系。

线上教学过程中，教师在互动环节选择的互动对象也容易造成"边缘人"问题的出现。对于教师而言，每堂课有既定的教育任务，为了能够在有限的时间内完成，教师会对课堂中互动时间进行把握。但每个学生的掌握情况存在差异，回答问题所需的视角也不同。对于基础较好的同学，回答提问只需思考一两分钟，对于基础较落后的学生而言则需要更久。并且，受网络稳定性的影响，学生的回答不一定能很好地传达出来，因此，课堂互动也就不能按理想状态顺利进行，这样被提问的学生或者未被提问的学生会对线上教学失去兴趣，将注意力转移到课堂之外的事物当中，从而逐渐成为线上课堂的"边缘人"（黄天慧和郑勤华，2011）。

(四) 环境因素

1. 显性环境

线上教学需要稳定的软硬件设施条件和物理学习场所。有调查研究显示，"学生和教师所在地网络设施不健全、网络速度和稳定性差"会影响学生的线上学习体验。线上教学依赖网络，学生一旦掉线，就错过了学习的内容；一旦老师在讲解中掉线，则会影响学生的学习状态（谭丽梅，2020）。中断后的教学则需要学生及时调整状态，对于注意力容易分散的学生，这样的"小插曲"容易引诱学生脱离学习状态而成为线上教学的"边缘人"。

2. 隐性环境

文化氛围能够影响学生的学习积极性和学习热情的持久度（宋宝瑜和卢玉玺，2004）。在线上学习中，学习氛围显得尤为重要。大学生的学习目的和认知与高中时期不同，能够在不同的环境中有效控制不良因素。身处良好的学习氛围有助于养成良好的学习习惯。因此，在线上教学中，若能在良好的文化氛围下学习，则有助于提高大学生专注力；对于线上学习，也能促使学生很好地跟上教师授课的节奏。

四、线上教学"边缘人"问题的应对

虽然边缘人问题在线上课堂经常出现，但可以通过一定的方式方法使学生将注意力回归到课堂上。因此，结合导致线上教学中"边缘人"的几方面原因，本文试着从以下几个方面提出对策建议。

（一）从学生方面提出的建议

学生在线上课堂中容易成为"边缘人"，极有可能是对教师上课的内容不熟悉，感到陌生。为了避免此问题，学生方面也须作出努力。因此，大学生应学会自主学习，即具备主动获取知识的能力，这样在教师进行授课时才能跟上节奏，不会成为"边缘人"。培养学生的自主学习能力，则从学生的自我肯定和自信心开始。建立课堂的自信心，学生需要从预习入手。学生在上课之前可通过观看教师发布的微视频或者PPT提前预习，预习之后才能与后面的课堂教学、课后复习等环节形成有力的闭环。课堂之后，学生在通过教师的讲解、对本节课的知识点有了充分理解后，可以与教师交流自己的心得体会，从而更好地巩固所学课程。

（二）从家长方面提出的建议

线上教学"边缘人"问题需要多方合力解决，家长也须付出努力。大学之后，学校可能不会设置"家长会"这样的交流平台，这是因为大学生有能力也需要承担自己的责任。但是学生在线上课堂处于"游离状态"，成为"边缘人"，家长也需要关注学生的变化，及时发现问题、及时沟通，让子女自主加入课堂，积极上课。同时，家长的期望能给子女正向的鼓励，有利于学习成绩的提升，但要把握好这个度，也就是家长的期望要建立在学生的能力范围之内。如果学生对学习感到吃力，缺少兴趣，家长这时的高期望就可能起到相反的作用。因此，家长要关注学生的变化，根据学生的特长来确立科学合理的期望，这样才能起到促进学生学习的作用，防止"边缘人"问题的出现。

（三）从教师方面提出的建议

1. 提升技术水平，强化信息素养

基于线上教学的特点，教师在线上教学过程中扮演的角色与传统教学不同（王卫军等，2016）。教师职责是"传道、授业、解惑"，作为学生与知识技能之间的媒介，教师应该将自己的专业技能定位于学生的前端（刘丽君，2021）。所以在线上教学中，教师须掌握较高的技术水平，强化自身的信息素养。教师应该树立终身学习理念并砥砺前行，积极参与关于信息技术的教研活动，通过各种渠道接触前沿知识。如此一来，教师才能在教学过程中运筹帷幄，学生才会主动参与课堂，课堂"边缘人"现象将会减少。

2. 优化教学风格，培养学生积极性

线上教学的一大优势在于拥有数量众多的互动平台，这些平台能够弥补线下课堂中的互动不足，让更多的学生都行动起来，增加课堂的活跃度。然而，有些教师不能很好调动学生的积极性，将线上教学等同于课堂直播，导致教师在线上讲，学生在一旁发呆的现象。低参与率难以将游离于课堂边缘的学生吸引到课堂教学中，从而造成更多的课堂"边缘人"。因此，教师须优化教学风格，探索更好更有效的教学互动模式，紧紧吸引住学生，让学生不愿也不能"逃走"。优化教学风格可以从引导学生入手，低指导度的教学风格可能更有利于培养学生的学习积极性，能够在无形中向学生传递一种渴望他们大胆表达、积极展现的信号和力量，学生在这种风格下学习会具有更强烈的参与兴趣和欲望。

3. 建立共同愿景，提供内在动力

传统教学过程中，学生有共同的教材，共享同样的教学过程、同样的学业评价标准。在线上教学中，教师同样可与学生建立共同愿景。愿景是唯一最有力、最具激励性的因素，它可以把不同的人联结在一起[1]。建立共同愿景、发挥凝聚力，需要教师的引导、学生的配合。共同愿景的建立不应该是自上而下的，而应当是自下而上的。这时就需要教师提供指导和引领，在与学生的沟通和分享中达成。当共同愿景确立之后，教师还需要强化共同愿景目标，将其贯穿全过程，如此富有激情的共同愿景才能点燃学生的激情，并成为他们积极学习的内在动力。

五、总结

新冠疫情暴发使线上教学成为各高校的主流教学方式。线上教学突破了教师与学生之间的时空界限，使得人们不受时间、地域的限制，可以直接进行云教学、云学习，然而线上教学也容易使学生由于自身或外在原因偏离线上教学的目标和任务要求，游离于教学活动的中心偏离线上教学活动，成为课堂"边缘人"。线上教学"边缘人"的表现主要有：课堂状态边缘化，即学生按时连线签到，但在签到完成之后他们又会安静地消失；课堂互动边缘化，即在线上教学中，学生没有积极参与进来，不愿参与课堂互动，对于课堂提问往往呈现出消极情绪；课堂情绪边缘化，即学生居家隔离时间较长，对线上课堂产生厌倦。

---

[1] 戴维・W. 约翰逊，等. 领导合作型学校［M］. 上海：上海教育出版社，2003.

线上"边缘人"问题经常出现并且不利于教师的教学质量和学生长远的发展，其问题的形成原因不是由单一因素造成的，而是自身原因、家庭因素、教师因素与环境因素等多方面因素综合影响的结果。其中，自身因素包括自我认知和感受效能低和人格特质；家庭因素包括语言形式和文化资本；教师的教学风格会对学生的线上学习状态产生影响，教师在互动环节选择的互动对象也是容易造成"边缘人"问题出现的原因；而环境因素包括显性环境和隐性环境两个方面，在线上教学中，若能在良好的文化氛围下学习，则有助于提高大学生专注力，对于线上学习，也能促使学生很好地跟上教师授课的节奏。

线上教学"边缘人"问题，需要多方合力解决。要从学生、家长与教师三个维度提出有针对性的建议以解决线上教学"边缘人"问题。即大学生要培养自主学习能力，建立课堂的自信心；家长要关注学生的变化，及时发现问题，给予子女正向的鼓励；教师要提升技术水平，优化教学风格，培养学生积极性。

参考文献：

[1] 陈实，梁家伟，于勇，等. 疫情时期在线教学平台、工具及其应用实效研究 [J]. 中国电化教育，2020 (5)：44-52.

[2] 陈紫天. 高校线上线下融合式深度教学的理论与实践 [J]. 沈阳师范大学学报（社会科学版），2020，44 (6)：97-104.

[3] 黄俊，李超. 布尔迪厄文化再生产理论导论 [M]. 北京：社会科学文献出版社，2019.

[4] 黄天慧，郑勤华. 学习者数字化学习绩效的影响因素研究综述 [J]. 中国远程教育，2011 (7)：17-23，95.

[5] 金松丽. 线上教学"边缘人"识别及转化 [J]. 现代教育管理，2021 (4)：106-112.

[6] 刘丽君. 线上教学实效性提升策略研究 [D]. 南昌：东华理工大学，2021.

[7] 亓玉慧，王飞，张莉. 课堂教学"边缘人"现象价值审视及应对 [J]. 中国教育学刊，2015 (9)：83-87.

［8］沈震．疫情防控下高校思想政治理论课线上教学策略［J］．思想理论教育导刊，2020（3）：15-19．

［9］史文秀．重视幼儿教学中"边缘人"的消解与转化［J］．中国教育学刊，2018（5）：101．

［10］宋宝瑜，卢玉玺．成人家庭学习环境优化探析［J］．成人教育，2004（2）：59-60．

［11］覃奇颖，杜尚荣．课堂教学中"边缘人"现象研究［J］．教育与教学研究，2015，29（11）：112-116．

［12］谭丽梅．线上对外汉语教学的思考——以沈阳师范大学国际教育学院为例［J］．现代交际，2020（24）：28-30．

［13］田俊，王萱，王元宏，等．疫情时期在线教与学实践案例与经验［J］．中国电化教育，2020（5）：53-61，110．

［14］王卫军，杨薇薇，邓茜，等．在线课程设计的原则与理念思考［J］．现代远距离教育，2016（5）：54-60．

［15］邬大光，李文．我国高校大规模线上教学的阶段性特征——基于对学生、教师、教务人员问卷调查的实证研究［J］．华东师范大学学报（教育科学版），2020，38（7）：1-30．

［16］张文新．儿童社会性发展［M］．北京：北京师范大学出版社，1999：98-100．

线上课程质量提升的博弈分析
——基于信号传递模型

于子婷[*]

摘　要：一直以来，网络教育因其时空局限特点，往往存在着信息不对称问题。针对线上课程中师生之间信息不对称问题所造成的逆向选择与师生同处线上课程疲怠期问题，本文突破以往对网络教育教与学关系的研究模式，从博弈分析视角出发探讨高成本信号传递机制更利于形成不同类型学生分离均衡的内在机理。同时，借助重复博弈模型研究第三方监督对师生共同度过疲怠期的重要意义，并提出相应的措施意见以确保线上课程健康高效发展，助推国家教育信息化2.0。

关键词：线上课程；质量保障；博弈分析

一、引言

改革开放以来，中国教育在教学内容、教学模式、教学理念、教学目的等方面都发生了翻天覆地的变化，教育信息化在教育发展过程中发

---

[*] 于子婷，原辽宁大学经济学院，现中国人民大学经济学院，研究方向为西方经济学。

挥了重要作用。党的十八大以来我国教育领域实现了"五大进展""三大突破"（雷朝滋，2018），继而教育主题转变为"加快教育现代化，建设教育强国"。得益于互联网的发展，教育+互联网逐渐进入人们的视野。2017年10月"办好网络教育"被写入了党的十九大报告，2018年教育部启动的《教育信息化2.0行动计划》提出了"构建智慧学习支持环境，开展以学习者为中心的智能化教学支持环境建设。中国决心通过信息网络教育的变革发展助推教育信息化2.0。2020年新冠疫情暴发后，教育信息化有了突飞猛进的发展，几年时间，中国各级教育打造出若干线上和线上线下混合金课，创造出大量优质线上教育资源。因此，疫情过后，虽然各级教育都转向了线下教学，但是线上线下混合课程、翻转课堂、双师教学等教学改革新成果依旧是教师们乐于采纳的新的教学手段和方法。但是在教育信息化变革过程中，我们仍然面临着许多挑战。

影响线上或者网络教育的因素除了网络本身的技术问题外，还有作为网络教育两个主体即教师、学生之间的关系问题，主体之间存在着信息不对称现象。线下授课过程中，许多老师会运用信息化教育平台的优势辅助教学，但老师可以凭借自己的授课经验综合学生的课堂表现对课堂进行有效管理，保质保量。而反观疫情以来的完全线上授课方式，教与学在空间上被阻断，部分老师若采取录课形式则更可能致使教与学时空分离，很难确保授课质量。这种低质课堂很大程度上是由学生的自制力低下导致的，隔着屏幕的老师无法确认学生的听课状态，老师与学生之间往往存在信息不对称。不同于中小学生，大学生由于身份的特殊性，家长监督作用不明显且没有升学压力，因而会普遍出现网课质量较低的现象。面对这种信息不对称，老师只能通过学生课堂签到、上课时表现、完成预习复习课件情况、随堂测试定期考试成绩、必要时的视频对话等相关信息判断学生的听课情况，区分学生听不听课，并以成绩的高低激励督促学生保证课堂质量。部分学生可能会在老师无法有效判断的情况下，通过伪装自己的课堂状态蒙蔽老师。若教师无法有效识别，那么成绩区分机制就会失效，课堂上听课的学生也可以通过伪装取得好的成绩，出现"劣币驱逐良币"的逆向选择，不利于确保在线课程质量。信息经济学的基本理论表明，信号传递是消除信息不对称的有效途径（张红霞，2017）。对于不同种类学生来说，听课信号传递的成本均存在，而老师可以采用可行方法对信号传递的成本进行高低区分，使听课、不听课学生形成分离均衡，以便轻易识别做出奖惩激励。

同时，人们对于新鲜事物总会从兴奋期到适应期再到疲劳期，线上教学对于老师学生而言均是一种考验。大部分老师往往拥有较高的师德，然而也会出现开小差与厌倦抵触情绪，这样对于课堂质量也是一个冲击。老师与学生之间存在着不完美信息动态博弈，心理的变化体现在多阶段博弈不同时期的行为选择。随着教育信息化网络化的发展，解决上述信息不对称问题就显得尤为重要。本文将运用信号传递理论建立教师、学生的信号博弈模型并探讨均衡路径，对上述问题进行科学系统回答，并为线上教育健康发展提出政策性建议。

二、文献述评

信息不对称所引发的逆向选择、道德风险问题体现在我们生活的方方面面。想要了解、解决网络教育中的信息不对称现象，首先要清楚解决信息不对称模型的机理。阿尔克洛夫于 1970 年在哈佛大学经济学期刊上发表了《"柠檬"市场：质量、不确定性与市场机制》一文，首次提出了"信息市场"概念，并创新性地分析了交易双方的"不对称信息"可能导致市场失灵，出现劣质二手车驱逐优质二手车的现象。美国经济学家斯宾塞（Spence，1973）同样发现了市场信息不对称的现象，并以劳动力市场为例构建模型，对雇员受教育程度和雇主制定录用、薪酬制度的博弈均衡进行了分析。随着信息经济学信号传递机制的不断发展，众多学者陆续将此理论应用于解释信息不对称造成的逆向选择、道德风险问题，并以构建理论模型的方式探讨研究问题的识别策略。一是医疗方面，城乡居民在选择是否参保时存在逆向选择效应，就会造成健康状况较好的人很少参保，相比之下状况不好的人可能偏向参保，使医疗保险制度存在着恶性循环风险（钟晓敏，2018）。二是财务学，尤其是在企业经营管理、生产周期调控方面，从信息不对称下的信号传递机制出发，将股利政策等信号发出以向投资人传递企业较好的经营状态与业绩成果，增加企业的发展动能巩固企业名誉（李维，2012）。20 世纪 90 年代以来，信号理论开始应用于社会制度领域，Bank 的模型中研讨了选民与候选人之间信号传递的博弈机制（王钦池，2009）。对于网络教育信息不对称的研究文献较少，主要是基于共享的 B2B、C2C 等模式下教育质量费用的逆向选择以及教师资质的道德风险问题（杨文静，2020）。以上所说的关系实际上是从较为宏观的角度探讨电子商务平台终端消费者与提供资源的代理人商家之间的信息不对称。而本文所要研究的是在实时课堂上教师与学生的博弈，教师如何通过信号传递机制甄别学生类型，进而采取有效措施保障教学质量。

三、教师与学生信息不对称的模型分析

（一）模型的基本假设

我们先排除教师消极授课的可能，单从学生角度考虑保障线上课堂质量。那么在线课堂听课与否的信号传递博弈模型中，博弈双方分别是教师与学生，学生为信号的传递者，而教师为信号的接收者。假设信号传递者只有两种类型即听课学生、不听课学生，教师在博弈过程中是理性人，学生的表现也会作用于教师，因而必定会追求效用最大化。令 q_H 和 q_L 分别表示听课学生、不听课学生，q_H 类型的学生占比为 θ，他们选择上课认真听讲，听课所付出的显性成本与隐性成本之和为 cH。q_L 类型的学生占比为 $1-\theta$，他们选择不听课，由于不听课所造成的损失即成本为 cL。

为了教师能够充分了解学生并根据此信号赋予学生相应的成绩，从而更好地减少线上授课信息不对称所带来的问题，两类学生可以分别选择传递信号、不传递信号给老师，传递信号的强度也有差别，如表现在与老师的互动程度。我们假设信号传递强度为 d，信号传递的成本表示为 $c(q,d)$，信号传递成本受多方面因素影响，包括较积极的方面如出色完成课堂测试所要求的较高理解能力、衔接能力，也包括消极的方面如找代课的货币支出。而教师的激励作用可能会使其较为积极的信号传递成本降低，也可能在激励、帮助作用下凭借自己努力降低消极成本。当 d=0 时表示学生选择不传递信号，此时信号传递的成本为 0，即 $c(q,H)=c(q,L)=0$。学生信号传递的成本与信号传递强度正相关，即 $\frac{\partial c}{\partial d}>0$。

教师在观察到学生所传递的信号后做出相应决策，此决策包括对学生考核有直接影响的成绩。假设听课学生、不听课学生赋予的成绩分别为 G_h、G_l，且 $G_h>G_l$。教师会根据所观察到学生的听课状态决定自己的授课努力程度，需要强调的是教师观察到学生不听课后选择相对低的投入并非消极授课，而是因地制宜因材施教的理性选择。针对不同学生类型，教师所付出的投入表示为 p_H 与 p_L。此时引入乘数 I 表示教师对于学生的激励程度，我们均认为对于听课学生也就是自制力较强的学生而言教师的激励作用不会使其发生较大的变化，因此假设激励情况下教师的付出仍为 p_H，信号传递成本仍为 $c(q_L,s)$。而激励作用下针对不听课学生教师的付出为 Ip_L，假设 $Ip_L \leqslant p_H$。同时，我们认定教师无私心，赋予高分则意味着教师认为学生听课，即教师会选择高付出。由于学校在疫情期间也会组织专门人员听课，这对于老师来说也是一种监督考核。教师的收益不仅体现在第三方监督时的印象，还会在最终班级均分中有所体现。因而假设教师从听课、不听课学生处获得的效用分别为 u_H、u_L，显然 $u_H>u_L$。教师的激励对于听课学生来说，效果不会有特别明显的变化因而假定 u_H 不变；而对于不听课的学生而言，在受到教师激励后由于自身学习能力等原因可能也不会在成绩方面有突出进步，这样对于教师收获的效用就微乎其微，因此不考虑 u_L 的变化。假定两种类型的学生听课均有成本分别为 c_H 与 c_L。

学生可能通过找人代课、偶尔假装与老师互动、考试作弊等方式伪装自己、欺瞒老师，但是会以 φ 的概率被识破。对于该类学生老师将会予以惩罚，比如补齐作业、上交检讨或是些只有表面效用而非实际意义的工作，此归结为机会成本 W；同时还会造成其他外部影响，如其余老师对待该失信学生的态度，即学生口碑，归结为未来损失 FL。

（二）博弈过程及均衡分析

在师生线上课程信号传递中引入博弈模型，则整个博弈过程可表述为：教师自然选择学生的类型 $q \in \{q_H, q_L\}$，教师无法确认学生的类型，只知道学生属于 q 的先验概率，$\mu(q_H) = \theta$，$\mu(q_L) = 1 - \theta$。学生选择 d 作为传递听课状态的信号，教师观察到学生传递的信号后，使用贝叶斯法则得到学生何种类型的后验概率 $\mu = (q_H | d)$、$\mu = (q_L | s)$，最后选择给高分还是低分。

1. 基于信号传递无成本差异的均衡分析

线上课堂存在认真听课的学生和不认真听课的学生，我们较为简单地认定听课学生即为学习能力较强态度较好的学生，反之同理。而听课学生、不听课学生在课堂上传递信号的成本针对不同信号传递机制有所区别。比如某些信号传递机制如课堂上发弹幕、课前签到、观看预习课件等，不同学习能力、态度的学生在传递信号时的成本几乎无差异，即 $c(q_L, d) = c(q_H, d) = c(d)$。此时就会发生 4 种博弈的均衡状态，分别是：听课学生与不听课学生均选择传递信号、听课学生与不听课学生均选择不传递信号、听课学生选择传递信号不听课学生选择不传递信号、听课学生选择不传递信号不听课学生选择传递信号伪装自己。

基于以上 4 种均衡状态，本文提出以下命题：

命题 1：在信号传递成本无差异时，两种类型的学生都会选择不传递信号。

证明：由于学生传递信号是有成本的，因此对于学生来说不传递信

号是最佳选择，但还是要考虑教师的判断。我们先假设学生均不传递信号，那么教师在无法判断学生类型的条件下，会有以下判断：$\mu(q_H|0) = \theta$，$\mu(q_L|0) = 1-\theta$。其中，$\mu(q_H|0) = \theta$ 表示不传递信号的学生属于听课学生的概率，$\mu(q_L|0) = 1-\theta$ 表示不传递信号的学生为不听课学生的概率，R 表示教师的收益。

如果教师选择给学生高分，付出高努力，则教师的收益为：

$$R(G_h) = (u_H - p_H)\theta + (u_L - p_H)(1-\theta) \tag{1}$$

如果教师选择给学生低分，付出较低努力，则教师的收益为：

$$R(G_l) = (u_H - Ip_L)\theta + (u_L - Ip_H)(1-\theta) \tag{2}$$

很明显，在 $Ip_L \leq p_H$ 的条件下，$R(G_h) \leq R(G_l)$。当 $R(G_h) < R(G_l)$ 时，教师会选择给低成绩，因为此时教师的收益低于给高成绩时的收益；当 $R(G_h) = R(G_l)$ 时，教师会选择给高成绩，因为高成绩会使教师学生皆大欢喜，同时也会使班级均分提高。而对于学生来说，在教师选择都给低分时，无论听课与否都还是低成绩，那么两种类型的学生均会选择不传递信号。而当教师选择给高成绩时，两种类型的学生也会选择不传递信号，因为他们可以以零成本取得高成绩。当假设学生传递信号时，这种情况与上述所证同理。$0 < \theta < 1$ 以上假设均成立，该均衡不会被打破，因为传递信号总会比不传递信号的成本高出 $c(s)$。命题 1 得证。

综上所述，在混同均衡的情况下，两种类型的学生均会选择不传递信号，因而教师在本就时空分离的网课中更无法区分学生类型，"对症下药"尤为困难。此时外部监督与惩罚激励作用对于学生的效用大大减小，疫情期间学习质量下降趋势显著。

2. 基于信号传递成本有差异的均衡分析

从上述分析中我们发现，在信号传递成本无差异的情况下，混同均衡加大了分离不同类型学生的难度，因而想要建立起一个具有区分度的机制就必须使两类学生之间形成分离均衡。这就需要设置相应具有区分度的信号，可以使教师在看到学生传递的该信号后，有较大意愿相信传递信号的学生属于听课的类型。这样不听课的学生就被识别了出来，方便老师有针对性地教育与帮助，从而使网课秩序、质量得到保障，解决了教育信息化中较为棘手的问题——信息不对称下的逆向选择。而这些行之有效的信号主要包括课堂随时随机点名、课件视频完成的时间长度、预习复习课件中问题的回答情况、有保证的学生自评情况（若发现虚假则有十分严重的后果）、家长配合监督、随堂考试、选择面对面视频课堂模式、课堂小组展示及其余同学发表感想、笔记草纸的图片证明。在信号传递成本有差异时，出色完成信号传递对于不听课学生来说变得麻烦，他们也就不会为了平时成绩付出较大的代价伪装自己，只需要完成那些基本的无成本差异的信号传递。当听课学生成本低于收益时，不同于混同均衡，他们会选择传递信号，而不听课学生不会选择传递信号，分离均衡得以实现。

在构建模型之前，我们应该明确听课学生与不听课学生向老师传递信号的成本不同，且不听课学生的传递成本要高很多。第一，不听课学生若想出色完成老师的作业就需要另找时间补课，对于有回放的课程该类学生仍需利用时间弥补，对于无回放的课程还可能向其他同学借笔记，此时也未必会有良好的学习效果。第二，若选择以代课、抄别人作业等方式欺骗老师，传递听课信号会使自己在同学眼中的信誉大大下降，无论是购买他人时间、知识的成本还是道德考量下的损失都相对较高，即 $c(q_L, d) > c(q_H, d)$。由于信号传递有成本，且成本与信号传递强度正相关，为了使两类学生形成分离均衡，信号强度 d 需要满足一定的条件。

命题2：当 $c(q_H, d^*) \leqslant G_h - G_l$，$c(q_L, d^*) \geqslant [G_h - G_l - \phi(W - F)]/I$ 时，网课博弈模型存在唯一的精练贝叶斯博弈均衡解，即听课学生选择传递听课的信号，不听课的学生为了不给自己增加额外的压力选择不传递信号，从而实现二者分离。

证明：在博弈过程中，教师通过观察学生传递信号强度判断学生是否听课，当 $d \geqslant d^*$ 时，教师将会认为学生均听课，此时无法排除是否有学生用较高的成本浑水摸鱼。

此时听课学生的期望为：

$$E_{Hd} = G_h - c_H - c(q_H, d) \qquad (3)$$

非听课学生的期望为：

$$E_{Ld} = G_h - c_L - Ic(q_H, d) - \phi(W + F) \tag{4}$$

由于 d 越大，c(q, d) 越大，因此两种类型的学生在老师均给高分的情况下只会选择最小投入成本的方式，即 d = d*。

而当 d < d* 时，教师认为学生可能都没听课，两种类型的学生只能得到低成绩，此时两者正如命题 1 中混同均衡的均不传递信号一样，以 d = 0 接受低成绩。既然二者均不传递信号，那么 c(q_H, d) = c(q_L, d) = 0。非听课学生也不会因为伪装被识别而付出代价，即 φ(W + F) = 0。

听课学生的期望为：

$$E_{Hm} = G_l - c_H \tag{5}$$

非听课学生的期望为：

$$E_{Lm} = G_l - c_L \tag{6}$$

因此，想要达到分离均衡，听课学生在负荷成本下传递信号的收益就要比不付出代价保持沉默的收益高，非听课学生保持沉默的收益要比付出代价进行伪装的收益高，于是满足：

$$G_h - c_H - c(q_H, d) \geqslant G_l - c_H \tag{7}$$

$$G_h - c_L - Ic(q_H, d) - \phi(W + F) \leqslant G_l - c_L$$

得到：

$$c(q_H, d^*) \leqslant G_h - G_l \tag{8}$$

$$c(q_L, d^*) \geqslant [G_h - G_l - \phi(W - F)]/I \tag{9}$$

此时 $\mu(q_H | d^*) = \mu(q_L | 0) = 1$，$\mu(q_H | 0) = \mu(q_L | d^*) = 0$。博弈模型有唯一的均衡解，此时发送信号的学生得到 G_h 的成绩，教师的收益为 $u_H - p_H$，博弈均衡的支付为 $[G_h - c_H - c(q_H, d^*), u_H - p_H]$。非听课学生将不会传递信号，教师将赋予 G_l 的成绩，博弈均衡的支付为 $[G_l - c_L, u_L - Ip_L]$。另外我们发现，非听课学生被发现的概率越大、发现后惩罚的力度越大、教师的激励作用越强，两类学生越容易实现分离均衡，以便教师轻易识别，这就为后续探讨保证课堂质量的措施方面提供了借鉴、参考。

四、师生多阶段博弈的模型分析

所谓教学，即"教"与"学"相结合，优质的课堂是教学相长，教师便是课堂中最为关键的因素。在上文的模型分析中我们假设教师是无私心的，针对两种类型的学生都会付出相应的努力。而现实生活中，教师的专业发展是一个纵贯其整个职业生涯的过程，其间经历了新生期、平淡期和厌倦期等几个重要阶段（杜艳芬，2008）。而该循环不仅体现在教师的整个教学生涯中，还可以类比到每一分阶段中。线上教学从某种程度上讲加快了教师进入厌倦期的步调，可能还会使其长时间停留在厌倦期中，尤为突出的表现在教龄高、已步入或是即将步入生涯厌倦期的教师身上。

这就需要自上而下、自国家到学校建立起有效的针对教师、学生的监督激励机制。此部分将借助威胁+承诺的胡萝卜大棒模型研究第三方有效激励制约以及参与人心理预期对于保证网课质量的重要程度。

（一）模型的基本假设

假设教师并非针对学生是否听课采取相应的努力程度及态度，也就是说允许教师有一定思想、行为的偏离。由于教学过程是一个长久持续的过程，因此教师与学生之间的博弈是多阶段的，每一阶段的博弈均是同时行动的博弈。假定学生为参与人1，教师为参与人2，二者均有两种策略，即认真、不认真。由于教师与学生两部分相对稳定，随着时间的推移彼此更为熟悉，因此多阶段博弈可以作为重复博弈进行研究。所谓重复博弈，就是每一阶段进行同一个博弈，策略集、支付情况不会改变，参与人行为可能偏离，但参与人在第三方奖惩措施下考虑未来收益折现，仍可保持第一阶段的纳什均衡，从而防止任何一方的行为偏离，提高在线课堂长期的质量、效率。

从我们较为熟悉的生活常识出发，学生不认真对于老师的影响 A 要小于老师不认真对学生的影响 B，即 A < B。师生在双方认真的情况下，行为偏离即选择不认真，对自己的影响大小一致，因为在对方认真时自己稍微不认真便可以浑水摸鱼。

假定师生在选择（认真，认真）时支付为（T_0，S_0），教师认真学生不认真时支付为（$T_0 - B$，$S_0 + C$），教师不认真而学生认真时支付为（$T_0 + C$，$S_0 - A$），双方均不认真时支付为（S_1，S_1），且 $S_0 - A > S_1$。为了简便说明原理，我们将多阶段重复博弈简化为两阶段博弈。

（二）博弈过程及均衡分析

命题 3：在第三方监督下，当参与人预期支付的折现因子 δ 满足 $\delta \geq \frac{c}{S_0 - S_1}$ 时，可以保证师生双方均选择（认真，认真）策略不变。

证明：很显然 $S_0 + C > S_0$，$T_0 + C > T_0$，所以在教师选择认真时，学生会选择不认真，学生选择认真时，教师也会偏离到不认真。如果我们想要每一阶段中（认真，认真）均为纳什均衡，就需要引入胡萝卜与大棒。如果参与人行为不偏离，那么在第二阶段的支付为（T_0，S_0）；若发生偏离，那么第二阶段的支付变为（S_1，S_1）。且该支付仍需折现到现在，使参与人对于得失综合比较，从而选择（认真，认真）作为重复博弈的纳什均衡。

则参与人 1 偏离的收益为 $E_s = S_0 + C + \delta S_1$，参与人 1 不偏离的收益为 $E_b = S_0 + \delta S_0$。

若保证不偏离，则需 $E_s \leq E_b$，即 $S_0 + C + \delta S_1 \leq S_0 + \delta S_0$。可得：$\delta \geq \frac{c}{S_0 - S_1}$。原命题可证。

因而第三方准确定位对师生的奖惩措施、监督激励程度，并且以此影响他们的心理预期能够切实有效地使教师与学生在疲劳期维持热情，顺利走过在线课程的"长征路"。

五、政策与建议

上文笔者从博弈分析的角度证实了想要教师对不同听课类型的学生进行有效的识别，低成本的信号传递机制是不牢靠的。教师、学生同样作为课堂的主体，其行为均可能偏离，因而突出了第三方监督的重要性。同时，为了更好地了解学生网课质量的影响因素，笔者对于辽宁大学303名学生进行了问卷调查，其中着重调查了包括实用性、外部监督、教师激励、时长与身体状况、性格在内的13个因素。这些因素可以帮助教师、学校、教育部门有针对性地因材施教、对症下药。疫情期间，网课是不得已的权宜之计，但网课本身却是教育的长久大计（肖俊全，2020）。综合博弈分析与问卷调查，笔者提出以下建议。

第一，建立高成本信号传递机制。大部分老师在网上授课时会选择课前签到、课堂互动等形式确认学生的出勤状况、听课状态，然而学生很可能出现手机挂线却不听课的情况，课堂互动也可能应付老师与授课内容无关的方面。因此教师应该增加随机考核机制，如课堂随机点名、引导学生深入思考后要求其进行相关问题的阐述。同时，课后可以要求学生以图片的形式在社交群中上传听课笔记，布置与课堂重点内容高度融合的作业并要求提交。

在高成本信号传递机制设定后，教师对学生的反馈进行核查，并且设定奖惩机制，对于表现较好的学生予以言语上的公开肯定，从而激发学生的积极性，同时也要给予其较高的分数。对于表现不好的学生，应该提高惩罚力度，作弊造假、漫不经心、浑水摸鱼的情况一经发现，公开批评。当然这种机制的建立并不是为了将教师、学生划分明确"敌我"界限，而是希望降低信息不对称带来的逆向选择，督促学生学习，提高网上授课质量。因而对于那些被识别出的学生，教师应更多地通过辅导员、相关班级干部与学生深度交流，从根本上扭转其不认真、不负责的态度。

第二，发挥教育系统的监督作用。学校可以下派工作人员进入直播课听课，并对教师的授课情况进行考评。同时，可以定期组织线上课程学习交流活动与优秀学生评选活动，并予以奖励。针对学生的欺骗行为，学校教务系统应通过系统升级进行监测，对这部分学生进行严肃处理。

第三，加强教师、学校与学生间的沟通。师生两个主体对于课堂质量均有影响，然而，相比于教师，学生主体的数量较多，且学生是知识的接受者、教学成果检验的反馈者，其学习动机、学习态度、学习表现极大地影响着老师的"教"。例如上文中我们研究的师生博弈的第一种情况，在信息不对称下，教师无法容易、准确地通过学生的学习行为表现判断学生的学习态度、学习质量，所以要设计出较为有效的考核机制，而这只是从第三方监督的角度防止学生行为偏离。保障网课质量的长久之计还是应该将正向调度、反向制约、内生激励、外在监督相互结合。综上所述，了解学生的真实所想是促进网课健康发展、保证课堂质量的源泉。

参考文献：

[1] 陈钊. 信息与激励经济学 [M]. 北京：中国人民大学出版社，2018.

[2] 李维. 上市公司生命周期对股利政策的影响——基于信号传递模型 [J]. 经营与管理，2012（12）：85–88.

[3] 王钦池. 信号传递与信号均衡——关于信号理论的一个文献综述 [J]. 山西财经大学学报，2009，31（S2）：180.

[4] 杨文静. 中国网络教育生态多元化及其信任问题分析 [J]. 教育教学论坛，2020（20）：256–257.

[5] 钟晓敏，杨六妹，鲁建坤. 城乡居民医疗保险中逆向选择效应的检验 [J]. 财贸经济，2018，39（10）：118–130.

[6] Spence A M. Job Market Signaling [J]. *Quarterly Journal of Economics*，1973，87（3）：355–374.

翻转课堂的效率分析[*]

许 由 曹艳秋[**]

摘 要：新冠疫情以来，随着线上课程和线上线下混合课程的发展，翻转课堂的形式逐渐普及。但是翻转课堂和传统线下课程相比，虽然教学理念更加先进，在一定条件下教学效果会更好，但是对于大部分学生来说，由于信息不对称程度增加，容易导致更大的效率损失。本文对翻转课堂的信息不对称加剧问题及其引发的效率损失进行了研究并提出了提升翻转课堂效率的对策建议。

关键词：翻转课堂；师生间信息不对称；学生间信息不对称；效率分析

一、引言

百年大计，教育为本。2020 年新冠疫情暴发后，全国范围内包括幼儿园在内的各级教学机构都将课堂搬到了线上。疫情放开后，虽然大

---

[*] 本文系辽宁大学本科教学改革项目（JG2022ZSWT035）"'贯穿真实问题'的经济学专业拔尖创新学生培养研究"的阶段性成果。
[**] 许由、曹艳秋，辽宁大学经济学院，研究方向为信息经济学。

部分教学回归到了传统线下模式，但是疫情期间摸索和打造的优质线上和线上线下混合课程依旧被使用和持续发展，其中就有翻转课堂。翻转课堂是国外教学改革的成果，疫情后逐渐被应用到我国教学中。具体地说，翻转课堂是指重新调整课堂内外的时间，将学习的决定权从教师转移给学生。翻转课堂不同于传统的"老师上课—布置作业—学生回家练习"的模式，在翻转课堂的教学模式下，学生在家完成知识的学习，而课堂变成了老师与学生之间和学生与学生之间互动的场所，包括答疑解惑、知识的运用等，从而达到更好的教育效果。翻转课堂教育模式自19世纪末20世纪初诞生以来经历了3次变革，每次的变革都与时代特征密切联系。进入信息时代以来，翻转课堂的教学模式与网络资源对接，在原有的基础上更加多元化与信息化，这些优势在传统课堂根本无法实现。但是线上课程和线下课程最大的不同是教师和学生之间的信息不对称程度增加从而导致更多的教学效率损失。而翻转课堂不光在师生之间，在学生的小组合作之间也存在着信息不对称的问题，这些问题都在一定程度上降低了学生的学习效率。本文将通过构建相关信息经济学模型对此进行分析，并提出相应的解决方案和措施。

二、文献综述

阿尔克洛夫（1970）首次创新性地分析了交易双方的"不对称信息"会导致市场失灵和效率损失，出现逆向选择问题。在线上授课尤其是翻转课堂中，信息不对称程度加剧同样会造成效率损失。但是现有关于翻转课堂的研究成果很大一部分是在解释什么是翻转课堂，并研究这种教学改革的优势。王鉴（2016）提出翻转课堂是对教学本质的回归，教育界对以教为主的课堂不断进行翻转，目的就是回归教学活动的本质，教是条件，学是本体；要真正理解翻转课堂到底要"翻转"什么、怎么"翻转"、在"翻转"中达到什么目的，知识应该是被主动吸收的而不是被强迫灌输。李从浩（2019）则强调无论课堂如何翻转，都要始终保持"人本思想",在教学的过程中不仅要见物(知识)而且还要见人,不能只见物(知识)而不见人。这一观点旨在说明学生是课堂的"主宰者"和学习的主动者。何文涛(2014)通过研究发现在传统教学模式下,题海战术、灌输教授、物式管理等这些常见的教学手段使教师和学生都已经存在了一定的麻木性,严重忽视了学生个性化自主学习的主动性。因此,作为一种新兴的教学模式,翻转课堂能很好地解决上述的各种问题。国内外的很多学者都曾对翻转课堂这一教学模式提出过构想,设计过翻转课堂的具体教学过程,如曾贞(2012)的三步"反转"教学模式。

只有少量学者观察到了翻转课堂存在的若干问题尤其是信息不对称问题,并进行了研究。李明等(2018)明确指出信息不对称是造成翻转课堂教学活动存在一系列问题的主要原因。信息不对称不仅增加了翻转课堂教学的难度与复杂性,逆向选择和道德风险也影响着教师和学生这双方主体相互之间以及各自之间的互动往来。除此之外,陈晓菲(2014)提到在实例教学中翻转课堂的教学模式也会出现平台视频质量低下、学生问题无法得到及时解决、第二语言沟通障碍、学生的思维受到局限、老师无法准确清楚了解问题、学生之间的小组合作日趋表面化等问题,这些问题不仅对学习效率造成影响,同时也会挫伤学生的学习积极性。可见系统研究信息不对称造成翻转课堂效率损失的成果还非常少,本文的边际贡献在于:不仅深入研究了师生之间信息不对称造成的效率损失(即学生学习的努力程度下降),也详细研究了不同情况下学生之间的信息不对称与影响,并提出了切实可行的解决措施。

三、翻转课堂教学中的双重信息不对称及其影响

(一)翻转课堂中师生间的信息不对称及其影响

翻转课堂首先要求学生在课下自学相应的知识点并在课堂上与老师

和同学进行讨论。但是学生课下是否努力学习、课上参与讨论的努力程度等都是任课教师无法得到的信息,属于师生之间的信息不对称问题,这种信息不对称会降低学生的努力程度,造成各级教育资源配置效率的降低,下面用模型进行说明。

我们假设学生的努力程度为 θ 是均匀分布的,分别为听课学生、伪装的学生、不听课学生三部分,所占比例分别为 $θ_1$、$θ_2$、$θ_3$,且和老师给予的分数 S 成正比,比例系数为 1,即 $S = θ$。$θ_3$ 以上的学生都会伪装自己,但因为其原本努力程度限制,其伪装后自己的努力程度也有差别。

我们也通过学生的努力程度和老师所给分数来得出结论,如图 1 所示。用学生的努力程度和老师的分数成比例系数为 1 的正比关系,其图像是一条向右方向倾斜 45°线,即图中的 OC 线。而在线上授课尤其是进行翻转课堂的改革时,分数和努力程度的图像就变为 OADC 线,即努力程度在 $θ_3$ 以上的学生就会伪装自己。随着原本努力程度上升,伪装后的努力程度就越高,所以当存在努力程度最高为 $θ_1$ 的学生时,其努力程度在 $θ^*$ 之上的学生所得分数就都为 S_1,所以在 $θ^* \sim θ_1$ 的学生就会降低其原本的努力程度,其结果就会导致 $θ^*$ 向左移动。经过多次移动,学生的努力程度大幅下降,从而导致课堂质量大幅下降。

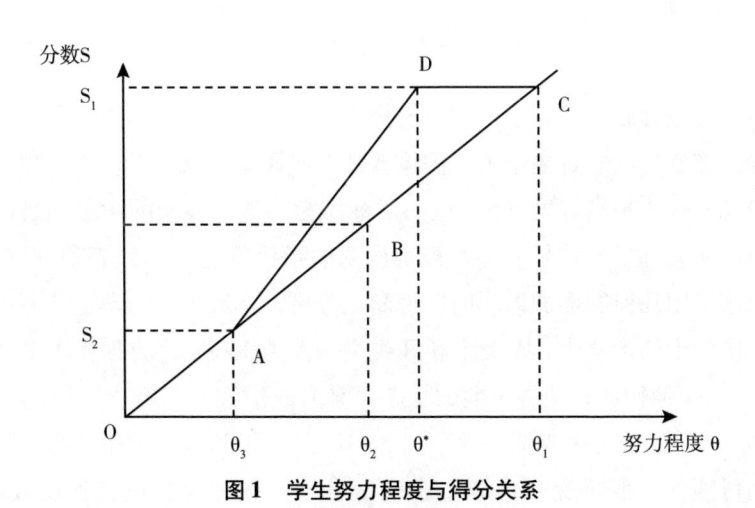

图 1　学生努力程度与得分关系

（二）翻转课堂中学生间的信息不对称及其影响

翻转课堂模式从国外引入但是限于教育体制又不能完全照搬，在目前中国的情况多数是一种"类翻转课堂"的形式，这种"类翻转课堂"的教学模式目前主要有两种形式：一是学生独立自主学习；二是小组合作学习。但是现实情况中绝大多数都是以小组形式来进行学习，关于课堂绩效的评价也是以小组为单位。学生自己独立自主学习的情况主要是通过网络视频授课、提前预习课件与学习等。但是无论采取什么样的学习方式，都无法回避学生的学习效率问题以及教师对于学生的绩效考核，尤其是学生最为关心的成绩。在传统的模式下，教师主要根据书面考试来对学生进行绩效考核，这样可以保证一定的公平性。但是在翻转课堂模式下，学生的最终成绩并非由一张书面试卷完全决定，而是由多方面构成，如日常的课堂活动参与、小组活动等，这些都会体现在学生最终的成绩中，并且教师并不完全掌握成绩的评定。许多情况下教师只是负责设计成绩评价机制，而对于最后成绩的评定并没有过多参与。这些问题造成的最终结果就是学生的学习效果"大打折扣"。更加严重的是，信息判断错误往往会造成评分机制的失灵，由于学生对于成绩的高度关注，将会对学生学习的积极性造成一定的挫伤。下面分两种情况进行分析。

1. 无小组合作形式

假设教师在一次课堂中没有安排小组任务，每一个学生都是一个单独的个体进行独立自主学习。假设教师本次课堂的绩效考核以学生的课堂表现——表现良好度（S）这一指标作为判断。不同的学生通过课堂表现来向老师发送信号，即可被观察到的指标就是学生的表现良好度。我们这里用几何图形加以说明。为简化分析，将班级内的学生按照良好表现度分为两类学生：A类生和B类生（A类生在很多方面优秀于B类生），假定他们面临两种可能的状态：努力或不努力，努力获得的成绩为W_1，不努力获得成绩为W_2（$W_1 > W_2$），pH和pL分别代表两种状态的可能性。假定课堂由学生来完全参与，教师没有任何保留效用。

如图 2 所示，点 E 代表学生在参与课堂之前的保留成本（即相应的时间成本和精力成本），曲线 U_H 和 U_L 分表代表 A 类生和 B 类生的无差异曲线，教师给予努力和不努力的成绩线分别是直线 E_H（斜率为 $-\frac{1-p_H}{p_H}$）和 EL（斜率为 $-\frac{1-p_L}{p_L}$）。理论上讲，教师应该清楚知道学生的努力程度，这样他就可以根据不同的努力程度给予相应的不同的分数。如图 2 中的 A 点和 B 点所代表的努力度—成绩关系点，此时 A 类生和 B 类生的无差异曲线分别与老师给予的成绩线相切于45°线上，表明两种类型的学生都依据各自努力的程度得到合理的成绩。但是现实中的大多数情况是老师不了解学生是 A 类生还是 B 类生，也不了解这两种学生的努力程度。教师要想学生最大限度地参与课堂努力学习，就要对不同情况作出判断，否则过高的要求会导致学生们不愿意参与，而较低的成绩也不会激发其参与的积极性。现实情况中，很多老师为了综合整体的水平，往往会选择一个相对平均的状态（即成绩过高的同学或者成绩过低的同学所占比例相对较小，而成绩处于中间的同学所占的比例相对较大）。这时我们假设老师给予的成绩为介于 EL 和 EH 之间的过点 G 的直线 EG。此时 A 类生的无差异曲线将会变动到 U_H^*，B 类生的无差异曲线将会变动到 U_L^*，两条新的无差异曲线与成绩线相切于 A^* 和 B^* 这两点。显然它会使不努力的学生获得相对于之前更高的成绩，而努力的学生却有可能会获得相对于之前较低的分数，此时这部分之前选择努力的同学就会放弃原有的计划，选择降低自身的努力程度。学生付出相对较少的成本也可以获得分数，这就会使课堂的整体效率下降。这里我们所说的是一般情况，当然也不排除依然有高分出现的可能，但一部分所占比例较小，教师之前所设立的课堂学习目标就无法达到。如此长期循环下去，学生的学习效率下降，教师的教学质量也会下降。

上文所提到的翻转课堂的模式在很多情况下是学生在 MOOC 等网络平台学习相应的视频，由学习的平台对学生的学习成效作出评价。还有一种情况是教师自己录制教学视频、制作教学课件并通过网络发送到学生端。在这种情况下，事情的不确定性就会更大，教师只能观察到最终的结果，而对于中间的过程无法获得准确的信息，教师和学生之间就会存在信息不对称，学生处于信息优势的一方。而且现在的网络平台并不完善，考核机制、沟通机制等都有待改善。

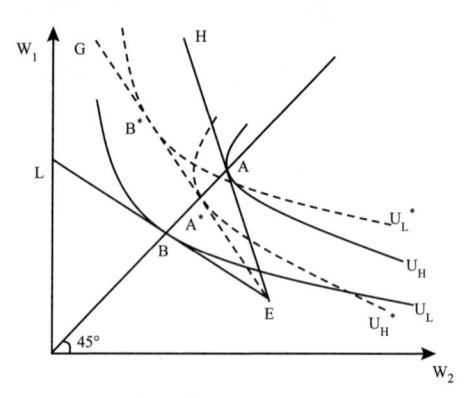

图2　不同学生的无差异曲线与成绩线示意

2. 存在小组合作形式

如若教师对学生进行了分组活动，不同的学生同在一个组内活动，则信息不对称问题的影响就相对较大。因为在没有分组的情况下，每个学生拥有更大的自由去选择努力的程度，在教师给定成绩体制的这个大环境下受到的影响相对较小；但是如果在组内活动，那么在给定的成绩体制下，除了自身以外还会受到其他组内成员的影响。

分组活动所面临的一个最重要的问题就是"合作伙伴"。在这个小组合作中，最大的问题就是合作伙伴之间存在信息不对称造成的逆向选择与道德风险问题，而且还会出现"搭便车"的行为，我们在这里假设：

①每个组内都会存在A类生和B类生两种类型的学生（在随机分组的情况，一个组内全部为A类生和B类生所发生的概率几乎为0）；

②每个组内都会存在相应的"发起者"与"合作者"；"发起者"在组内起到领导带头作用，愿意努力参与的人一般为A类生；

③发起者与合作者自身的能力只有自己知道；

④小组的分组一经形成则无法改变，每个成员需在小组内进行活动。

假设合作伙伴知道自身的真实水平为 θ，而其他人（发起者和其他合作伙伴）不知道 θ，但是知道能力的分布函数 $F(\theta)$，发起人提出的合作条件为 P（即组内成员为了得到一定的成绩而需要付出的合作成本），合作伙伴决定接受或者拒绝，如果接受，发起人的支付表示为：

$$\pi_B = V(\theta) - P \tag{1}$$

合作伙伴的支付为：

$$\pi_S = P - U(\theta) \tag{2}$$

若不进行合作，那么双方的支付均为零。这里 $V(\theta)$ 是发起人对于 θ 的评价，通过与水平为 θ 的合作伙伴合作获得的总效用；$U(\theta)$ 为合作伙伴自身对 θ 的评价，在合作中总的付出；π_B 和 π_S 为合作双方的净效用。$\frac{\partial V}{\partial \theta}$ 和 $\frac{\partial U}{\partial \theta}$ 均大于 0（即随着 θ 的增加，效用 π_B 和 π_S 也会增加），并且进一步假设：

$$V(\theta) > U(\theta) \tag{3}$$

否则，合作没有意义。并作出相应假设，在分析的开始阶段，双方都是风险中性的。下面将分析划分为 4 种情况，并对几种情况进行逐一分析。

（1）合作者双方的偏好相同。

按照合作者的真实水平 θ 进行分类，可以分为高水平合作者（$\theta = 90$）与低水平合作者（$\theta = 50$），每一种类型所占的比例各为 50%；双方的偏好相同，即对合作伙伴的水平等于其真实水平，面对两类合作伙伴，其水平的期望值为 $E\theta = 70$，发起人接受合作的条件为 $P = 70$；在此合作条件下，高水平合作伙伴的支付为：

$$\pi_S = 70 - 90 < 0 \tag{4}$$

低水平合作伙伴的支付为：

$$\pi_S = 70 - 50 > 0 \tag{5}$$

因此，只有低水平合作者接受合作。当然发起者也清楚只有低水平合作者愿意接受合作，所以 P = 70 不是均衡条件。唯一的均衡是 P = 50，高水平合作者不愿意合作。但是在特定的小组框架内，无论是发起者还是合作者都没有选择的余地，只能在既有的小组框架内工作，高能力成员对于小组未来的整体期望下降，这种情况下高能力的学生在组内就会采取消极的合作态度。

（2）合作者双方的偏好相同且连续。

以上的两种合作者类型非常特殊，但是实际情况中合作者的数量相对较多，类型较为分散，因此我们分析合作者类型 θ 连续分布的情况。

假定 θ 在区间 [50，90] 上均匀分布，密度函数为：

$$f(\theta) = 1/(90 - 50) = 1/20 \tag{6}$$

双方的偏好函数仍为：

$$V(\theta) = U(\theta) = \theta \tag{7}$$

如果小组内合作伙伴的期望水平 Eθ = 70，愿意合作的条件也是 P = 70，那么此时只有 θ < 70 的合作者才愿意接受合作条件，所有 θ > 70 的合作者在小组内不会选择积极合作。因此，合作伙伴的水平期望由 70 降到 60。在 P = 60 时，只有 θ < 60 的合作者才愿意接受合作条件，所有 θ > 60 的合作者将不会愿意付出努力成本去合作。这样的话，合作伙伴的水平期望就会再次下降到 50。此时达到了唯一的均衡合作条件是 P = 50，所有 θ > 50 的合作者都不愿意去合作，只有低水平的才会接受合作。进一步，由于 θ 在区间上连续分布，f(50) = 0，因此在小组内没有合作者愿意合作，不会有人为此付出努力。我们也可以用需求函数表示发起人的合作条件与愿意合作的合作者平均水平关系，供给函数表示合作伙伴的平均水平与合作条件的关系，则上述的情况可以用供求曲线来表示：

需求函数为：

$$P = E\theta \tag{8}$$

供给函数为：

$$E\theta = \frac{\int_{50}^{P}\theta f(\theta)d\theta}{\int_{50}^{P}f(\theta)d\theta} = \frac{\frac{1}{40}\int_{50}^{P}\theta d\theta}{\frac{1}{40}\int_{50}^{P}d\theta} = \frac{P}{2} + 25 \quad \theta \in [50, 90] \quad (9)$$

由供给函数可以看出，供给曲线的斜率等于2，合作伙伴的平均水平随着合作条件的提高而上升，但平均水平上升的幅度为合作条件提高幅度的1/2，小于合作条件提高的幅度。通过求解，我们可以得到均衡条件为：

$$P = E\theta = 50 \quad (10)$$

合作伙伴的平均水平与合作条件的供求关系如图3所示。

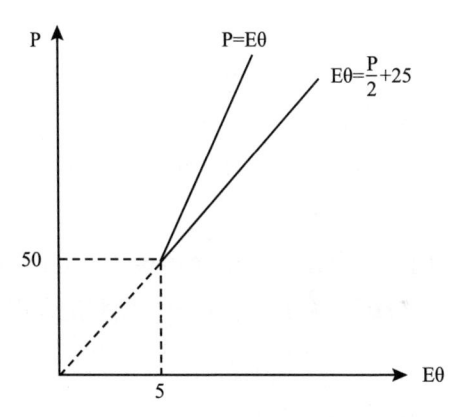

图3 合作伙伴的平均水平与合作条件的供求关系示意

合作伙伴选择中的需求曲线是增函数，反映了能力与合作条件的关系，能力水平越高，相应的合作条件也就越高。因此，在小组中针对不同类型的学生，他们各自的合作条件也不同。合作条件可以在一定程度上反映小组整体的水平，高能力的组员在平均水平较高的小组内愿意付出较多的成本来获得一个较高的分数，而平均水平较低的小组则不愿意付出高成本来合作，因为最终的成绩也许不会理想。

（3）合作双方偏好不同。

上述情况中，小组内的成员都因合作者的水平期望与和合作条件不符而导致全体成员的合作失败。但这是一种极端情况，造成这种情况的主要原因在于双方能力水平的评价相同，以及能力水平连续范围分布的假设。正常来说，很显然合作双方对合作伙伴能力的评价是不同的；如果合作伙伴是能力的拥有者，其评价的标准主要是依据在组内活动付出的成本与表现良好度，而发起人对能力价值的评价除了自己的表现良好度以外，还体现在其多付出的成本上。所以发起人对能力水平的评价高于合作伙伴，双方合作就会出现。

假设：

$$V(\theta) = b\theta > U(\theta) = \theta, \ b \geq 1 \qquad (11)$$

综上可以得出，发起人能力水平是合作伙伴的 b 倍，如果双方在这种情况下合作，发起人的支付效用为：

$$\pi_B = b\theta - P \qquad (12)$$

合作方的支付效用为：

$$\pi_S = P - \theta \qquad (13)$$

否则双方的效用均为零。

双方的偏好不同时，合作带来的净剩余为 $(b-1)\theta$；双方所处的地位决定了净剩余的分配。为了便于分析，先假定合作者在小组合作中处于主导地位，则：

需求函数为：

$$P = bE\theta \qquad (14)$$

供给函数为：

$$E\theta(P) = P/2 + 25 \qquad (15)$$

均衡结果为：

$$P = 50b/(2-b), \ (b \leq 9/7, \ 否则 \ P = 70b) \qquad (16)$$

$$E\theta = \min\{50/(2-b), \ 70\} \qquad (17)$$

均衡结果表明：合作条件与能力水平期望都是 b 的增函数，如图 4 所示。

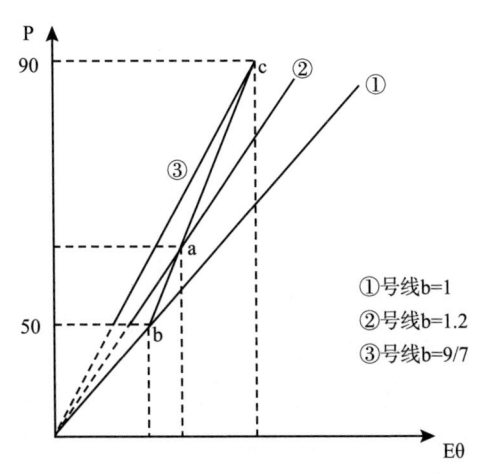

图4 不同评价（b值）的供求关系示意

①号线b=1
②号线b=1.2
③号线b=9/7

根据图4均衡结果的几何解释，发起人不同的偏好体现为b值的差异，不同的b值对应不同的均衡点，图4所示的情况是b=1时的特例；当b>1时，随着b的增大，需求曲线的斜率也在不断增大，与供给曲线的交点不断上移。这说明双方偏好的差距越大，均衡点对应的合作条件和能力水平期望也就越高，则愿意合作的伙伴也就越多。不同b值所对应的合作伙伴选择情况如表1所示。

表1　　　　　　　　　不同b值对应结果

b值	均衡结果	选择范围
$b=1$	$P=50$　$E\theta=50$	$\theta\in[50,50]$
$b=1.2$	$P=75$　$E\theta=62.5$	$\theta\in[50,70]$
$b\in\left(1,\dfrac{9}{7}\right)$	$P=50b/(2-b)$　$E\theta=\min\{50/(2-b),70\}$	$\theta\in[50,50b(2-b)]$
$b>\dfrac{9}{7}$	$P=70b$　$E\theta=70$	$\theta\in[50,90]$

由表1可以看出，当合作伙伴在合作中处于主导地位时，均衡的合作条件是合作伙伴选择范围的上限。在小组内合作伙伴可以占有合作带

来的全部净剩余,即合作者可以相同或者更少的成本付出获得与发起者相同的支付。

尽管在合作双方偏好不同的情况下,合作伙伴的选择范围比在双方偏好相同条件下有所扩大,但除非偏好的差距足够大(本例中 $b \geq \frac{9}{7}$),否则就会使得:

$$\theta > 50b/(2-b) \tag{18}$$

此时,合作伙伴退出合作。

现在假定发起人在合作中处于主导地位,造成合作净剩余被发起人全部占有。假如此时在 b = 1.2,P = 75 的情况下,合作伙伴的选择 $\theta \in$ [50,70],Eθ = 70;这样发起人可以借助自身的主导地位来降低合作的条件,使得选择范围的最大上限下降,发起人需要在较低的成本与较低的能力之间进行比较,但是能力下降的幅度比合作条件下降幅度更小(见表2),这时不同合作条件下的净剩余及其分配为:

表2　　　　　　　　b = 1.2 时的净剩余及其分配

P	Eθ	(b-1)Eθ	π_B = bEθ - P	π_S = P - Eθ
65	54	10.8	-0.2	9
60	50	10	0	10
55	48	9.6	2.6	7
50	45	9	4	5

由表2可以看出,在同样的条件下,处于主导地位的发起人具有压低合作条件的动力,以尽可能多地占有净剩余;在合作伙伴选择范围的下限,发起人将全部占有净剩余。净剩余的支配与发起人选择的合作伙伴和合作伙伴的分布有关,所以合作伙伴选择的均衡结果要考虑双方的偏好、合作伙伴的类型以及分布、双方的地位等多种因素。

(4)合作伙伴的偏好不同。

前面三种情况都假定合作伙伴对自身能力水平的评价是相同的,然而在现实当中这种假设是不存在的,如果没有这一假设,分析则更贴近实际。

现实世界里,不同的合作伙伴对于相同能力水平的评价是不同的;导致不同评价的重要因素之一是合作伙伴不同的战略与目标。在一个小组内,有的合作者希望可以通过多付出成本来获得一个较高的成绩,而有一些合作者则仅为得到一个合格的成绩。所以,在一样的条件下,合作者对于合作条件的接受会有很大差异,合作伙伴的偏好不同,最后就表现为合作伙伴能够接受的合作条件的不一样。当合作伙伴的偏好不同时,假设合作伙伴对能力水平的评价为:

$$U(\theta) = (1+\varepsilon)\theta \qquad (19)$$

这里的 ε 是一个均值为 0 的随机变量,这样合作的条件可以表示为:

$$(1+\varepsilon)\theta \leq P \qquad (20)$$

例如,当 $\theta=50$,$\varepsilon=\pm0.15$ 时,合作者愿意接受的最低条件为 $P=50\pm7.5$。一般地,在给定 ε 的条件下,合作伙伴的能力水平期望为:

$$E\theta(P,\varepsilon) = \frac{\frac{1}{40}\int_{50}^{P/(1+\varepsilon)}\theta d\theta}{\frac{1}{40}\int_{50}^{P/(1+\varepsilon)}d\theta} = \frac{P}{2(1+\varepsilon)} + 25 \qquad (21)$$

如果发起人知道 ε,也就能知道 $E\theta(P,\varepsilon)$;但通常发起人不知道 ε,因此发起人面对平均水平还要对 ε 求期望。我们假定 ε 在 $[-a,a]$ 上均匀分布,则:

$$E\theta(P) = \frac{1}{2a}\int_{-a}^{a}\left(\frac{P}{2(1+\varepsilon)}+25\right)d\varepsilon = \frac{P}{4a}\ln\left(\frac{1+a}{1-a}\right)+10 \qquad (22)$$

在双方偏好不同的条件下,均衡条件为:$P(E\theta)=bE\theta$,均衡结果为:

$$P = \min\left\{\frac{100ab}{4a-b\ln\left(\frac{1+a}{1-a}\right)}, 40b\right\} \qquad (23)$$

$$E\theta = \min\left\{\frac{100a}{4a-b\ln\left(\frac{1+a}{1-a}\right)}, 40\right\} \qquad (24)$$

该均衡结果的几何解释如图 5 所示。

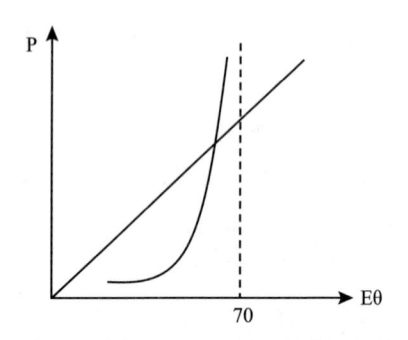

图 5　合作双方偏好不同条件下的合作伙伴选择

图 4 与图 5 相比，具有以下三个方面的特点：

第一，即使 P≥90，由于 ε 的影响，有些合作者也未必愿意合作；因此尽管在 P=90 时，愿意合作的合作者的平均水平 Eθ<70。

第二，即使 P=50，由于 ε 的影响，有些合作者也愿意合作；因此，当 P=50 时，愿意合作的合作者的平均能力水平 Eθ>50。

第三，均衡的结果取决于发起人的偏好参数 b 和合作伙伴的偏好参数 ε 的共同作用，且均衡结果与 b 和 ε 的关系是非单调的。

以上分析都是假定发起人不了解合作伙伴能力的真实水平 θ，也不知道合作伙伴的偏好参数 ε。现实生活中，如果知道 ε 并且通过 ε 来估计 θ，便能够改变逆向选择问题所产生的影响，能让选择合作伙伴更加有效果。

通过以上分析我们发现，在翻转课堂中，由于存在师生间和学生间的双重信息不对称，导致学生学习的努力程度降低，因此会造成教学效率的损失。

四、优化翻转课堂质量建议

翻转课堂作为一种先进的教学方法和手段，如果能解决信息双重不对称问题，就能更好地发挥作用，大幅提高教学效果。

首先，加强监督。完善学校的教学质量监督和反馈机制，包括督导团、学校各级领导和教师的听课和监督制度、完善学生评教制度等各种监督和反馈机制。

其次，建立师生之间的信息沟通机制，降低他们之间的信息不对称程度。从信号传递的角度来说，学生要积极向老师传递自己努力学习的信号；从信息甄别的角度说，教师也应该设计进行信息甄别的方法，对学生类型进行甄别。这样的话，就可以通过解决师生间的信息不对称部分来提升翻转课堂的教学效果，提高优质教育资源的配置效率。

再次，建立学生之间的信息构建机制，降低他们之间的信息不对称程度。在后疫情时期，即使大部分课程都转向了线下教学，学生之间依旧存在信息不对称问题。因此，在教学中我们应该鼓励学生进行更多的信号传递，学生在完成一个个小组作业时也可以进行信息甄别，由此可以降低学生之间信息不对称的程度。

最后，从"类翻转课堂"向真正的翻转课堂过渡。目前国内大多数的翻转课堂和国外的翻转课堂不同，国内的更加近似于一种"类翻转课堂"，这是因为以往传统的教学模式影响持久并且在很大程度上受中国的教育体制影响。这种"类翻转课堂"是一种过渡阶段的模式，是一种逐渐向完全自主学习过渡的学习模式，其教学效果和资源配置效率更容易受信息不对称的影响。而真正的翻转课堂的教学理念、教学安排更加先进，学生被学习兴趣驱动能够自发提高学习的努力程度，信息不对称的负面影响就会降低。因此，我们需要构建更好的监督机制，完善更容易帮助师生和学生沟通的平台，更新教学理念，设计更好的考试制度，将"类翻转课堂"建设为真正的翻转课堂。

参考文献：

［1］何克抗. 从"翻转课堂"的本质，看"翻转课堂"在我国的未来发展［J］. 电化教育研究，2014，35（7）：5－16.

［2］李从浩. 大学翻转课堂的人本价值［J］. 教育评论，2019（2）：117－121.

［3］李明，史志铭，李建超，等. 基于非对称信息的依附学习对翻转课堂教学

模式的影响［J］. 中国教育技术装备, 2018（22）: 5-9.

［4］廖雪莲. 基于 ADDIE 模型的英语翻转课堂的教学设计［J］. 长春大学学报, 2019, 29（6）: 92-95.

［5］吕长青. 对"翻转课堂"的弊端分析［J］. 中国校外教育, 2016（S1）: 360.

［6］王鉴. 论翻转课堂的本质［J］. 高等教育研究, 2016, 37（8）: 53-59.

［7］吴锐芯. 翻转课堂中高中生自主学习能力现状调查研究［D］. 重庆: 重庆师范大学, 2019.

［8］周静, 傅佳锐. 小组合作学习的弊端与解决策略研究［J］. 大学教育, 2018（3）: 168-170.

［9］曾贞. 反转教学的特征、实践及问题［J］. 中国电化教育, 2012（7）: 114-117.

［10］Akerlof G. The Marget for "Lemons": Quality Uncertainty and the Market Mechanism［J］. *Quarterly Journal of Economics*, 1970（84）: 488-500.